# LES ÉPAVES

# CHANSONS

PAR

EUGÈNE DÉSAUGIERS

> La chanson vit encore et ses plus beaux lauriers
> Doivent parer le front du fils de Désaugiers.
>
> AUGUSTE DE VIGNY.

PARIS
E. DENTU, ÉDITEUR
LIBRAIRE DE LA SOCIÉTÉ DES GENS DE LETTRES
PALAIS-ROYAL, 17 ET 19, GALERIE-D'ORLÉANS

# LES ÉPAVES

## CHANSONS

# LES ÉPAVES

# CHANSONS

PAR

# EUGÈNE DÉSAUGIERS

La chanson vit encore et ses plus beaux lauriers
Doivent parer le front du fils de Désaugiers.
**AUGUSTE DE VIGNY.**

PARIS
E. DENTU, ÉDITEUR
LIBRAIRE DE LA SOCIÉTÉ DES GENS DE LETTRES
PALAIS-ROYAL, **17** ET **19**, GALERIE-D'ORLÉANS

# PRÉFACE

Des chansons!... l'heure est bien tristement choisie pour publier des chansons, et s'il nous eût été loisible d'attendre des jours meilleurs, nous eussions certes différé longtemps encore. Mais ce sont des épaves qu'on nous a confiées; c'est un monument qu'on nous a chargé d'élever sur une tombe : et les pieux hommages que nous rendons à ceux qui ne sont plus ne doivent jamais se faire attendre.

La vie d'Eugène Désaugiers pourrait se résumer en un mot : *il chanta!* — Jules Janin, le feuilletoniste et l'académicien, esquissait ainsi en quelques lignes le profil de cette ombre chérie :

« Celui-là portait un nom célèbre; il s'ap-
« pelait Désaugiers, le fils du chansonnier
« qui fut le parrain de Béranger, le poëte et
« le conseiller que nous avons tant regretté
« dans nos dernières misères. Ce premier
« Désaugiers fut longtemps le maître et le
« président de nos fêtes bourgeoises; il riait
« d'un si beau rire, il avait à son service

« tant de belles rimes, dont se composaient
« ses plus belles chansons ! Son fils était
« digne de porter le nom du père. Un esprit
« très-cultivé, une âme vaillante ; il aimait la
« musique et les chansons ; c'était l'urbanité
« même, et quand par bonheur il venait au
« Caveau, il consentait à chanter quelque
« chose, en cette société du Caveau qui chante,
« on se taisait pour l'entendre et pour l'ap-
« plaudir. Sa mort comme sa vie a fait peu
« de bruit, et maintenant ses confrères
« s'étonnent qu'avec un si beau nom, un si
« brave homme en arrive à des funérailles
« si modestes. — Il est écrit : *Malheur à ceux
« qui rient ; silence à ceux qui ne rient plus !* »
(*Journal des Débats*, 20 novembre 1871.)

Celui que Janin a peint dans ces lignes charmantes était seulement l'homme extérieur, le convive du Caveau, celui que ses confrères de la chanson joyeuse ont connu. Mais il était modeste et timide, ce charmant esprit ; il craignait en se prodiguant de provoquer l'ennui, lui qui n'amenait en chantant que le bon rire, l'aimable entrain et les grâces décentes ; lui dont le brillant mais inoffensif aiguillon n'a jamais envenimé personne ; lui dont toujours une nuance de sensibilité attendrissait les plus bruyants éclats.

C'était au milieu des siens, entouré de sa famille dont il était l'amour et l'idole, à la table de son beau-père, un chansonnier aussi et du meilleur aloi ; c'était dans ces fêtes du cœur où venaient s'asseoir seulement quelques intimes, c'était là qu'il fallait entendre jaillir cette verve, qui ne savait ni se lasser ni se tarir. Chacun lui demandait sa chanson favorite, et celle qu'il chantait semblait toujours la plus belle et la plus séduisante.

Quelle était donc l'inspiration qui se personnifiait en lui?

Ce n'était pas la strophe éclatante de Béranger, qui tantôt s'élève d'une aile hardie jusqu'aux sublimités de l'ode et, semblable à l'aigle dont elle emprunte le vol, lance les éclairs et la foudre, tantôt s'abaisse et rase la terre, mais pour saisir alors le fouet irrité de la satire et fustiger jusqu'au sang la victime offerte ou choisie : ode à laquelle le refrain donne un nouvel élan, satire à laquelle le refrain, comme une ironie répétée, ajoute un plus cruel aiguillon.

Ce n'était pas non plus la bacchante bourgeoise et populaire, dont la naïveté déguise l'esprit qu'elle semble fuir, qu'elle rencontre toujours sans le dédaigner jamais, fût-il sous le parapluie de la harangère ou sous la tonnelle des buveurs avinés, s'appelât-il Jocrisse, M. Jovial ou Cadet Buteux.

Béranger fut le flatteur du peuple, Désaugiers en fut le peintre.

Le fils du second n'imita ni l'un ni l'autre de ces deux modèles. — Il n'y songea même pas. Il marchait, avec la bonhomie de La Fontaine, par le premier sentier venu, suivant au gré du hasard la première idée qui s'offrait à lui. De l'idée jaillissait un refrain, du refrain une chanson, toujours vive, alerte et légère, éclair de raison dans un éclat de gaieté, larme dans un sourire, dont le refrain est le nœud et la base, refrain qui scintille dans chaque couplet tour à tour, comme une même pierrerie dans une sertissure toujours nouvelle, fait chatoyer la verve, la malice, l'entrain, la sensibilité, la critique, le bon sens, toutes les mille facettes de ce bijou divin qui s'appelle l'esprit et le cœur.

Et comme il savait bien dire ces aimables choses ! Comme sa muse facile et légère agitait à la splendeur des bougies, au son cristallin des verres, ses ailes trempées de vin, de sagesse et de gaieté ! Comme il tempérait doucement les éclats du rire par une larme furtive, et la folle gaieté par la raison la plus pure ! C'était encore, s'il faut absolument lui trouver une ressemblance, c'était, plus que toute autre, la muse de son père, mais une muse délicate, adoucie, riant moins haut, gagnant en pureté de cœur ce qu'elle perdait en élans désordonnés de l'esprit.

Eugène-Auguste Désaugiers, né le 10 mai

1804, avait épousé le 26 janvier 1837 mademoiselle Éléonore *Marie*. Heureux ceux qui, entre la naissance et la mort, n'ont qu'une pareille date dans la vie !

Simple dans ses goûts, il se contenta d'occuper une modeste place dans les bureaux de l'Hôtel-de-Ville. Sans doute il méritait beaucoup mieux ; mais il n'eût point voulu sacrifier à une position brillante la plus mince parcelle de son paisible bonheur.

Pourquoi faut-il qu'une amertume inattendue soit venue troubler son existence si calme et si sereine ? Cette âme, qui reflétait comme un lac tranquille les beautés de la terre et les splendeurs du ciel, ce cœur qui battait à la vue de ses enfants, qui s'épanouissait à toutes les sympathies, qui par sa bonne et franche nature gagnait du premier coup les amitiés et les gardait pour toujours; ce cœur et cette âme devaient perdre à la fois leur rayon et l'image de ce qui les avait charmés. Les yeux du poëte se couvraient d'un brouillard qui, s'épaississant chaque jour, obscurcissait son bonheur et sa joie. Rien ne se réfléchissait désormais dans ces regards naguère si brillants : le rossignol aveugle ne chantait plus.

Trois ans il vécut enfermé dans cette nuit sans aurore et sans espoir. Il vécut, ou plutôt il alla mourant chaque jour. Ni les voix les plus chéries, ni les tendres soins de sa femme et de sa fille n'avaient le pouvoir de faire éclore un sourire sur ses lèvres allanguiès et dans son œil éteint. Les douleurs de la patrie assombrissaient encore sa tristesse; il tremblait pour ses enfants, et les bombes du siége de Paris, les canonnades parricides de la Commune retentissaient douloureusement dans son cœur. Il s'affaiblissait insensiblement, comme une lampe que rien n'alimente, et le mercredi 8 novembre 1871, à six heures du soir, il s'éteignit, entouré de sa famille en larmes, pour renaître aux clartés éternelles d'une vie meilleure.

Nous ne l'entendrons plus chanter, aimer et rire, celui qui chantait avec tant d'entraînante gaieté, aimait si bien et riait d'un si bon regard, d'une bouche si aimablement épanouie ! Nous ne le verrons plus ici-bas; mais il vivra là-haut et dans nos cœurs, comme un souvenir de bonté, de candeur, d'esprit et de charme que le temps n'effacera jamais.

Et vous, qui n'avez pas connu cette âme naïve et pure, mais qui retrouverez dans ses chansons un écho vibrant, un rayon petillant et lumineux de son rire aimable, de son joyeux esprit, vous chanterez ces refrains, vous les chérirez à défaut de lui-même, et vous regretterez, en les redisant encore, de ne l'avoir pas connu, de ne l'avoir pas aimé.

Prosper Blanchemain.

## A MON AMI EUGÈNE DÉSAUGIERS.

Eugène, chaque jour voit des lauriers nouveaux
Couronner tes chansons; et tes heureux travaux,
Enfantés sans efforts, découlent de ta lyre,
Et de Momus vieilli rajeunissent l'empire.
Ton refrain part du cœur, et, plein de vérité,
Fait jaillir tour à tour les pleurs ou la gaîté.
La critique à l'affût te présente les armes,
Quand de nos yeux émus tu fais couler les larmes
Ou quand sur nos travers, sans fiel et sans aigreur,
Tu provoques le rire avec ton vers railleur.
Dis-nous donc, s'il se peut, quelle déesse amie
Inspire les élans de cette bonhomie
Qui nous fait reconnaître, aux accents de ta voix,
Ce que chacun de nous a pensé mille fois,
Sans trouver le secret de le bien mettre en œuvre?
Eugène, près de toi l'on n'est plus qu'un manœuvre,
Et tes rivaux tout bas disent à l'unisson
Que toi seul aujourd'hui sais faire la chanson.
Va, ne t'arrête pas; aux palmes paternelles
Ajoute, pieux fils, quelques palmes nouvelles;
La chanson vit encore, et ses plus beaux lauriers
Doivent parer le front du fils de Désaugiers.
Sa Muse te sourit; c'est en toi qu'elle espère;
Ta voix fait tressaillir la cendre de ton père,
Et Désaugiers, là-haut, doit dire à ses amis :
« A ces heureux refrains je reconnais mon fils. »

C'est au courant du cœur, au courant de la plume
Que j'ai tracé ces mots ; ma verve se rallume
Au choc de tes couplets, et ma vieille amitié
Dans tes justes succès est toujours de moitié ;
Quand je t'écoute, Eugène, il faut que je m'efface ;
Puis-je même de loin, me traîner sur ta trace ?
A t'imiter en vain tu voudrais m'enhardir,
Ma main quitte la plume et ne sait qu'applaudir.

Auguste DE VIGNY.

Belleville, 20 novembre 1843, 11 h. ½ du soir.

## EXTRAIT D'UNE LETTRE

*Adressée par le célèbre improvisateur*

Eugène de Pradel,

A M. Hippolyte Marie qui lui avait envoyé une copie de la *Première Montre*, chanson d'Eugène Désaugiers.

(Voir page 25 de ce recueil.)

---

« Wiesbaden, le 21 août 1856.

« Mon cher et excellent ami,

. . . . . . . . . . . . . . . . . . . . . . .
. . . . . . . . . . . . . . . . . . . . . . .

Toutefois, cher confrère, c'est bien votre faute si je suis forcé d'admettre qu'en fait de chanson, vous et moi nous devons baisser pavillon devant votre gendre. — Je serais tenté de vous en vouloir pour l'envoi de ses délicieux couplets, s'ils ne m'avaient pas enchanté au dernier point. Que de pensées neuves et délicates cette Première Montre a fait surgir !

*L'apostrophe au soleil,* — *le miroir de la robe d'or,* — *la tirelire tributaire de l'horloger,* — *la petite prude qui ne veut pas donner l'heure du berger,* — le trait si touchant : *la montre qui refuse l'heure et peut donner un morceau de pain*, — et cette heureuse comparaison de la machine humaine avec la montre! tout cela est tourné avec une finesse exquise, un goût parfait. Le succès a dû être immense et surtout mérité.

Des poëtes fameux, des meilleurs chansonniers,
    L'auteur, fréquentant les domaines,
Reçut avec l'esprit heureux de Désaugiers
    Le sang qui coule dans ses veines.
Mais il n'a pas fait seul ces vers délicieux,
    Perles d'or, divine merveille!...
Son père, l'autre nuit, s'est échappé des cieux
    Pour les lui souffler à l'oreille.
Ces couplets, parfumés de poétiques fleurs
    Qu'effeuille la naïve enfance,
Révèlent l'âge mûr, font entrevoir des pleurs,
    Et sont plus beaux que l'espérance.
Oh! pourquoi tant de verve et de sublime élan
    N'ont-ils pas de plus large sphère?
Pourquoi le sort jaloux retient-il le talent
    Qui ressusciterait un père?
Courage à Désaugiers! bon sang ne peut mentir!
    Quand on lutte dans un orage
Il suffit de vouloir, d'aimer et de sentir
    Pour porter un grand nom!... Courage!

Pardonnez ces indignes rimes, si piètrement griffonnées, et soyez assuré que malgré les pattes de mouches d'un vieillard, vous n'avez pas d'ami plus sincère et plus reconnaissant

    Que votre tout dévoué,

        Eugène DE PRADEL.

# CHANSONS

## LES ÉPAVES

Air : *Contentons-nous d'une simple bouteille.*

Pour débuter d'une façon sortable,
Je vous dirai, messieurs, en bon français,
Qu'ainsi que vous lorsque je suis à table
Un bon dîner me plaît mieux qu'un mauvais.
Un vieux flacon me charme et me fascine,
Et cependant, je le dis à regret,
Si la raison se perdait, j'imagine,
Ce n'est pas là qu'on la retrouverait.

Le Vaudeville ennemi de la gêne
A tout quitté, tambourins et grelots ;
L'enfant malin, ainsi que Diogène,
Se fait comique, et dit de vilains mots ;
On aime assez son allure lutine,
Mais en riant on se dit en secret :
Si le bon goût se perdait, j'imagine,
Ce n'est pas là qu'on le retrouverait.

Certain traiteur, tout en vidant son verre,
Me dit, ainsi que vous le supposez :

Rognon champagne et filets au madère
Sont des ragoûts qu'on a poétisés.
N'ayant jamais visité ma cuisine,
Ajoutait-il d'un air fort guilleret,
Si ces deux vins se perdaient, j'imagine,
Ce n'est pas là qu'on les retrouverait.

Ne voulant pas encor vieillir, madame
Fait chaque jour un effort impuissant :
Entre le temps et cette pauvre femme
C'est un duel, un combat incessant ;
Chez la coquette, à l'âge où l'on décline,
La vérité n'ayant aucun attrait,
Si son miroir se perdait, j'imagine,
Ce n'est pas là qu'on le retrouverait.

Lorsque la nuit je marche à l'aventure
Et qu'à l'horloge onze heures ont tinté,
Je suis gêné par certaine voiture
Dont je comprends toute l'utilité.
Blanc réséda, printanière, aubépine,
Rose, jasmin, lis, violette, œillet,
Si vos parfums se perdaient, j'imagine,
Ce n'est pas là qu'on les retrouverait.

Je vis un soir de jeunes Espagnoles
A l'œil mutin, aux solides jarrets,
Faisant des bonds et force cabrioles,
En jupons courts ainsi qu'en blancs corsets.
Je leur faisais assez joyeuse mine,
Quand un Caton près de moi murmurait :
Si la pudeur se perdait, j'imagine,
Ce n'est pas là qu'on la retrouverait

Il est en France une autre Thébaïde,
Où le boucher ne lève aucun impôt,
Où l'on se voit l'estomac toujours vide
Et sans jamais se dire un traître mot.
Vous qui chantez et que rien ne chagrine,
Fuyez ces lieux : car, malgré son attrait,
Si la chanson se perdait, j'imagine,
Ce n'est pas là qu'on la retrouverait.

## L'IGNORANCE

Air : *de M*<sup>me</sup> *Favart (de Pilati)*.

Le livre de la destinée
Défierait le plus érudit :
Notre vue étroite et bornée
Ne peut déchiffrer ce qu'il dit.
Contre sa prudence infinie
Dieu ne m'entend pas murmurer,
Il est des choses dans la vie
Que l'on est heureux d'ignorer.

Pour avoir dit dans sa vieillesse,
Et certe il avait bien raison,
Que la terre tourne sans cesse,
Galilée est mis en prison.
S'il n'eût pas su l'astronomie
Il ne se fût pas fait coffrer ;
Il est des choses dans la vie
Que l'on est heureux d'ignorer.

Hier, craignant quelque déboire,
Mon tailleur, d'un air décidé,
Osa me parler d'un mémoire
Que je croyais avoir soldé.
Cette somme, quand je l'oublie,
Pourquoi me la remémorer ?
Il est des choses dans la vie
Que l'on est heureux d'ignorer.

Dans un roman qu'il fait paraître,
Un de nos bons littérateurs
S'applique à nous faire connaître
L'argot que parlent les voleurs.
A cette étude approfondie
A-t-on besoin de se livrer ?
Il est des choses dans la vie
Que l'on est heureux d'ignorer.

Pauvre miroir ! de ta maîtresse,
Hélas ! te voilà rebuté :
Mais aussi quelle maladresse
De lui dire la vérité !
Cette ride à peine sentie,
Traître, pourquoi la lui montrer ?
Il est des choses dans la vie
Que l'on est heureux d'ignorer.

Des gens de forte corpulence
Et d'un esprit des plus étroits
Se mettront dans une balance
Pour savoir au juste leur poids.
S'il me vient une telle envie
Je saurai bien m'en délivrer :
Il est des choses dans la vie
Que l'on est heureux d'ignorer.

Dans quelque maison que l'on dîne
L'art culinaire a son écueil :
Passons auprès de la cuisine,
Mais n'en franchissons pas le seuil;
L'aspect seul des mets rassasie
Ceux qui les ont vu préparer :
Il est des choses dans la vie
Que l'on est heureux d'ignorer.

Comme un arbre privé de séve,
L'artiste s'épuise, languit,
Et, quelque travail qu'il achève,
L'indifférence le poursuit.
L'âge a-t-il glacé son génie,
Gardons-nous de le dénigrer :
Il est des choses dans la vie
Que l'on est heureux d'ignorer.

Qui terminera ma carrière?
Est-ce un docteur? un omnibus?
La foudre? un naufrage? une pierre?
Ou bien le choléra-morbus?
Sur ce point, je le certifie,
Je ne tiens pas à m'éclairer :
Il est des choses dans la vie
Que l'on est heureux d'ignorer.

## ENCORE UN ENFANT QUI M'ARRIVE

AIR : *Et voilà comme tout s'arrange.*

Ainsi qu'un lapin aux abois
Naguère j'étais dans mon gîte,

Quand tout à coup je m'aperçois
Qu' autour de moi chacun s'agite ;
Ma bonne accourt et me dit : « J'viens
« Vous prév'nir qu'il faut que j' m'esquive,
« J' vas chez l'accoucheur et je r'viens. »
Bon, m'écriai-je, ça va bien ;
Encore un enfant qui m'arrive ! (*bis*.)

Le lendemain, tout en causant,
Un amphitryon fort honnête
M'invite à dîner, en disant
Qu'il lui faut une chansonnette.
« Mon cher, dis-je à ce boute-en-train,
« Je ne serai pas ton convive ;
« Avant de chercher un refrain
« Il faut que je cherche un parrain. »
Encore un enfant qui m'arrive ! (*bis*.)

J'en avais deux ; en rester là
Eût mieux valu, je le suppose :
Que voulez-vous faire à cela ?
L'homme propose et Dieu dispose.
Si la quantité me fait peur,
D'une humeur beaucoup moins craintive,
Institutrice, instituteur,
Diront toujours avec bonheur :
Encore un enfant qui m'arrive ! (*bis*.)

Allons-nous à l'état civil
Pour déclarer une naissance,
L'employé souvent incivil
Témoigne quelqu' impatience ;
Quittant son modeste repas
Pour prendre sa plume rétive,

En nous toisant du haut en bas
On l'entend marmotter tout bas :
Encore un enfant qui m'arrive ! (*bis*.)

Voyez cet homme après minuit,
Tout au zèle ardent qui l'enflamme,
Se pendre au cordon qui conduit
Au logis de la sage-femme ;
Faite à ce bruyant carillon,
Notre commère expéditive,
Légère comme papillon,
Dit en passant son cotillon :
Encore un enfant qui m'arrive ! (*bis*.)

Saint Vincent de Paul, le matin,
Après l'heure de la prière,
Prenait soin du pauvre orphelin
Qu'il trouvait couché sur la pierre.
Attiré soudain vers les lieux
D'où partait une voix plaintive,
L'homme charitable et pieux
Disait, en regardant les cieux :
Encore un enfant qui m'arrive ! (*bis*.)

Comme ton père désormais
Porte-toi bien, mon petit George,
Comme lui ne connais jamais
Fièvre, phthisie ou mal de gorge ;
Puisses-tu, quand tu grandiras
Avoir une faim progressive,
Et si Caron t'attend là-bas
Espérons qu'il ne dira pas :
Encore un enfant qui m'arrive ! (*bis*.)

Je pensais qu'il m'était permis
A l'avenir de n'en plus faire,
Mais il n'en est rien, mes amis,
Et voici bien une autre affaire ;
Voulant se mettre à l'unisson,
Ma muse, bien que maladive,
Hier au milieu d'un frisson
Accoucha de cette chanson :
Encore un enfant qui m'arrive ! (*bis.*)

## LE PUBLIC N'ENTRE PAS ICI

### Air : *de Calpigi.*

Paris, si beau, si remarquable
Aujourd'hui n'est plus habitable :
Avec les pierres, les plâtras,
Qu'on élève, ou qu'on jette en bas,
On ne sait où porter ses pas !
En effet, qu'on aille ou qu'on vienne,
Quel que soit le chemin qu'on prenne,
De tous côtés on lit ceci :
Le public n'entre pas ici ! (*bis.*)

Le Jardin des Plantes sans doute
Est très-bon à voir, mais j'ajoute
Qu'il faudra prendre son jour : car,
A moins d'être Anglais ou boyard,
Vous ne pénétrez nulle part ;
C'est au point, le diable m'emporte !
Que si vous frappiez à sa porte
Le tigre vous dirait aussi :
Le public n'entre pas ici ! (*bis.*)

Votre paquet que l'on découvre
Vous empêche de voir le Louvre ;
D'autres monuments renommés,
Suivi du chien que vous aimez
A coup sûr vous seront fermés.
Avec ce système blâmable,
Sur l'obélisque il est probable
Qu'on finira par mettre aussi :
Le public n'entre pas ici ! (*bis*.)

Et toi, Bourse, nouvelle Armide,
De ta voix flatteuse et perfide
Cesse d'attirer le joueur
Qui pour vingt sous, triste faveur,
Risque son bien et son honneur.
Désormais, moins hospitalière,
Comme sur une poudrière
A ton fronton fais mettre aussi :
Le public n'entre pas ici ! (*bis*.)

Surpris par ce mal qui torture,
Hier j'errais à l'aventure
Cherchant un abri protecteur,
Lorsqu' inquiet, pâle et rêveur,
Je crus voir mon libérateur
J'avisais ce lieu secourable,
Quand une voix impitoyable
Me jeta les mots que voici :
Le public n'entre pas ici ! (*bis*.)

Vers les régions les plus hautes
D'intrépides aéronautes
Sont partis de tous les climats,
Pour voir si Phœbé n'avait pas

Des habitants comme ici-bas ;
Mais pour la science importune
On avait placé sur la lune
Ce veto par le temps noirci :
Le public n'entre pas ici ! (*bis.*)

L'Enfer, dans le livre du Dante,
Me glace le cœur, m'épouvante,
Mais j'espère qu'au jour fatal
Le chef du séjour infernal
Me dira d'un ton amical :
Je te ferme porte et fenêtre,
Car, mon cher garçon, à moins d'être
Dans le vice très-endurci :
Le public n'entre pas ici ! (*bis.*)

Sur la publicité qui compte
Eprouvera plus d'un mécompte,
Car les bons ou les mauvais vers
Par certains esprits à l'envers
Seront toujours vus de travers ;
Moi, ce soir, je suis fort tranquille,
Et me fais d'autant moins de bile
Que même en payant, Dieu merci :
Le public n'entre pas ici ! (*bis.*)

## LES COMPENSATIONS

Air : *Vaudeville de Fanchon.*

Pour son œuvre nouvelle
Qu'un autre monte en selle :

Moi, bien que je sois assez gras,
   Tout au feu qui m'embrase,
Je vais à pied en pareil cas.
   Et voilà le Pégase⎫
   De ceux qui n'en ont pas.⎭ *bis.*

   Sur cette vaste scène
   Succombant à leur peine,
Quelques-uns tomberont bien bas.
   D'autres, dans leur détresse,
Resteront purs jusqu'au trépas :
   Et voilà la noblesse⎫
   De ceux qui n'en ont pas.⎭ *bis.*

   L'épicier débonnaire
   Devient propriétaire,
Ainsi que certains avocats.
   Sa prudence infinie
Lui vaut ces heureux résultats :
   Et voilà le génie⎫
   De ceux qui n'en ont pas.⎭ *bis.*

   Soutiens de leur famille,
   Dès que le jour pointille,
Que de gens, quittant leurs grabats,
   Au travail qui les presse
Livreront leur tête ou leurs bras :
   Et voilà la richesse⎫
   De ceux qui n'en ont pas.⎭ *bis.*

   A défaut d'autre chose,
   Ce monsieur vend sa prose
Aux journaux de tous les formats :
   Sa plume qu'il exerce

En fait le meilleur des états :
  Et voilà le commerce ⎫ bis.
  De ceux qui n'en ont pas. ⎭

Que le souverain sorte,
Il lui faut pour escorte
Tout un régiment de soldats :
  Quand je quitte mon siége,
Les plaisirs escortent mes pas :
  Et voilà le cortége ⎫ bis.
  De ceux qui n'en ont pas. ⎭

La critique et l'envie
Empoisonnent la vie
De qui veut briller ici-bas ;
  A culotter des pipes
On a beaucoup moins de tracas :
  Et voilà les principes ⎫ bis.
  De ceux qui n'en ont pas. ⎭

Dans maint dîner de fête
Que le plaisir apprête,
A défaut de vins délicats
  En fidèle compagne
La gaîté préside au repas :
  Et voilà le champagne ⎫ bis.
  De ceux qui n'en ont pas. ⎭

Qu'un auteur plein de verve
Se livre avec réserve :
Moi qui ne suis point dans ce cas,
  Aussitôt qu'on m'excite,
A table je prends mes ébats :
  Et voilà le mérite ⎫ bis.
  De ceux qui n'en ont pas. ⎭

## LES CHOSES IMPOSSIBLES

Air : *Allez-vous-en, gens de la noce.*

L'homme est tout-puissant dans ce monde,
Je crois l'avoir dit quelque part ;
Mais à sa science profonde
Dieu souvent oppose un rempart.
Tel obstacle semble invincible
Qu'on peut surmonter ici-bas,
Cela s'est vu dans plus d'un cas :
Mais quant à faire l'impossible,
On l' voudrait qu'on n' le pourrait pas !

La vie est un fleuve rapide,
Répète-t-on à tout moment,
Et, prenant le plaisir pour guide,
Il faut le descendre gaîment !
C'est bien parler pour ne rien dire,
Car la vie a ses embarras,
Source d'ennuis et de tracas,
Et quant à rire et toujours rire,
On l' voudrait qu'on n' le pourrait pas !

Nous possédons tous dans notre âme
Un foyer des plus curieux,
Car il se révèle et s'enflamme
Au seul aspect de deux beaux yeux.
Ce feu d'une puissance extrême,
Tout en nous causant des dégâts,
Embellit nos jours ici-bas :

Quant à brûler toujours de même,
On l' voudrait qu'on n' le pourrait pas!

Lorsqu'un mouvement anarchique
Eclate au sein de la cité,
La troupe et la garde civique
S'arment pour la société :
Sortir son fusil sur l'épaule,
Courir au-devant du trépas,
C'est un devoir en pareil cas ;
Mais quant à trouver ça fort drôle,
On l' voudrait qu' on n' le pourrait pas !

Quand on n'a plus rien dans sa caisse,
On a l'espoir encourageant
Que, sur la hausse ou sur la baisse,
On ne perdra pas son argent ;
Doué d'une faim peu commune,
On peut avec un cervelas
Faire un délicieux repas :
Mais quant à manger sa fortune,
On l' voudrait qu' on n' le pourrait pas !

Dès qu'on a bu trop de liquide,
On se sent un sommeil de plomb,
Le cerveau se remplit de vide
Et les jambes manquent d'aplomb !
On confond sa gauche et sa droite,
Ou l'on reste comme un Colas,
Sans savoir où porter ses pas ;
Quant à suivre une ligne droite,
On l' voudrait qu'on n' le pourrait pas !

Qu'on se rencontre dans la rue
Sans se connaître intimement,

Suivant l'usage on se salue,
Et si l'on s'arrête un moment,
Avec quelque embarras l'on cause
Soit des chaleurs, soit des frimas,
Ou du pavé plus ou moins gras ;
Mais quant à se dire autre chose,
On l' voudrait qu'on n' le pourrait pas !

Le temps est un vieillard stupide
Qu'on devrait détruire à tout prix :
On lui doit la première ride
Comme le premier cheveu gris.
Plus heureux que les hirondelles,
Bravant la saison des frimas,
Il habite tous les climats :
Et quant à lui couper les ailes,
On l' voudrait qu'on n' le pourrait pas !

---

## LA PREMIÈRE MONTRE

Air nouveau : *de Mayet de la Chesneraye.*

Mot donné (27 juillet 1859).

### REFRAIN

O toi qui fus ma bien-aimée,
Montre, inutile désormais,
Dans cette boîte renfermée
    Repose en paix !

Le jour où tu me fus donnée,
Un cierge en main, dans le saint lieu,
Par une belle matinée
Je m'agenouillai devant Dieu !

Depuis lors, et je le déplore,
Le temps nous a changés beaucoup ;
Moi, grâce au ciel, je vais encore,
Mais toi, tu ne vas plus du tout !
 O toi, etc.

Bien que ton origine ancienne
N'offrît rien qui dût me flatter,
Pendant huit jours, qu'il t'en souvienne,
Mes yeux ne purent te quitter.
Aussi dans mon désir extrême
De te sortir de mon gilet,
J'aurais dit au soleil lui-même :
Veux-tu savoir l'heure qu'il est ?
 O toi, etc.

Si dans le jour ma course agile
Pouvait te causer quelque émoi,
Ta nuit se passait plus tranquille
Sous les mêmes rideaux que moi.
A mon réveil, avec délice
J'aimais à t'embellir encor,
Et je faisais, petit Narcisse,
Un miroir de ta robe d'or !
 O toi, etc.

Gâtée autant qu'on pouvait l'être,
Ingrate, dis-moi donc pourquoi,
Oubliant que j'étais ton maître,
Tu semblais te moquer de moi ?
Pendant l'étude, tes aiguilles
Manquaient de jambes fort souvent,
Et lorsque je jouais aux billes
Elles allaient comme le vent !
 O toi, etc.

Tes désordres, il faut le dire,
Étaient bien faits pour m'affliger :
Car tu rendais ma tirelire
Tributaire de l'horloger ;
Et lorsque, pesante et sonore,
Il fallait, hélas! la casser,
Méchant oignon, je pense encore
Aux pleurs que tu me fis verser !
   O toi, etc.

Plus tard, au lieu d'être mon guide,
Tu me fis encor plus d'un tour :
Dis-moi, te souviens-tu, perfide,
Oui, te souviens-tu de ce jour
Où, trompant mon exactitude,
Tu cessas soudain de bouger,
Ne voulant pas, petite prude,
Me donner l'heure du berger ?
   O toi, etc.

S'il est vrai que le Mont-Parnasse
Conduise au Mont-de-Piété,
Je fais en t'offrant cette place
Bon marché de ma pauvreté!
Resteras-tu dans ma demeure
Dieu seul le sait! Vienne la faim :
La montre qui refuse l'heure
Peut donner un morceau de pain !
   O toi, etc.

Ne t'afflige pas, ma petite,
Nous avons tous le même sort :
Et mon cœur, qu'un tic-tac agite,
Un jour n'aura plus de ressort !

Quand sa machine se détraque,
L'homme, soit dit sans te fâcher,
Comme toi n'est qu'une patraque
Qu'on ne peut plus faire marcher.

O toi qui fus ma bien-aimée,
Montre, inutile désormais,
Dans cette boîte renfermée
Repose en paix !

# ON N'A JAMAIS PU LE SAVOIR

Air : *de Calpigi.*

Ou : *Je suis né natif de Ferraze.*

Lorsque sur les tables parlantes
On disait des choses plaisantes,
Des hommes très-judicieux
Allaient répétant en tous lieux
Que rien n'était plus sérieux :
Etait-ce un jeu ? c'est très-possible.
Ou sous une forme invisible
Le Diable qui venait nous voir ?
On n'a jamais pu le savoir.

Ce savant que partout l'on cite
Pour ses travaux et son mérite,
En homme de distinction
Porte sans ostentation
Son humble décoration ;
Cet autre, qui fait sa poussière,
En a quatre à sa boutonnière ;

Mais qu'a-t-il fait pour les avoir?
On n'a jamais pu le savoir.

Sur Francklin, nouveau Lapeyrouse
Que fait rechercher son épouse,
Rien de nouveau n'est parvenu :
Mais puisqu'il n'est pas revenu
Que peut-il être devenu?
D'un poisson fut-il la conquête,
Et, moins heureux que le prophète,
Serait-il perdu sans espoir?
On n'a jamais pu le savoir.

Cet homme, dont l'oreille est dure,
Verra reverdir la nature
L'œil triste et le front soucieux,
Quand l'aveugle (c'est curieux)
Se montrera facétieux.
Quant à vous dire à cette table
Quel est le moins désagréable
D'être sourd ou de n'y pas voir?
On n'a jamais pu le savoir.

L'Etat jamais ne répudie
Les enfants que Dieu lui confie :
Pauvres petits infortunés,
Dans quelque coin abandonnés
Le jour même, hélas! qu'ils sont nés,
On chercherait en vain leurs mères;
Quant au nom que portaient leurs pères,
C'est plus facile à concevoir :
On n'a jamais pu le savoir.

Qu'une fièvre ardente et tenace
D'abréger nos jours nous menace,

En pareil cas, c'est évident,
Nous jugeons toujours très-prudent
De nous droguer : et cependant,
Guéris du mal qui nous torture,
Est-ce un effort de la nature
Ou du docteur qui vient nous voir ?
On n'a jamais pu le savoir.

De Milo la Vénus antique
Est un chef-d'œuvre énigmatique ;
On se dit, ne les voyant pas :
Comment étaient placés ses bras ?
Étaient-ils fins et délicats ?
Dans sa main, sans doute fort belle,
Pauvre mutilée, avait-elle
Ou son ombrelle ou son mouchoir ?
On n'a jamais pu le savoir.

Le chien comme un gardien fidèle
La nuit aboie et nous appelle ;
Le loup pousse des hurlements,
Le lion des rugissements,
Le coursier des hennissements ;
On comprend ce vocabulaire :
Mais quand l'âne se met à braire,
Quel sentiment peut l'émouvoir ?
On n'a jamais pu le savoir.

Socrate à son heure suprême
Dit à ses disciples qu'il aime :
« Ne pleurez pas ! je pars joyeux,
« Car la mort en fermant mes yeux
« M'ouvre le royaume des cieux. »
C'était consolant, mais en somme,
Une fois défunt le cher homme

A-t-il vu combler son espoir ?
On n'a jamais pu le savoir.

Des fous, que le ciel les confonde !
Avaient prédit la fin du monde :
Nous en concevions quelqu' ennui ;
Mais il est probable aujourd'hui
Que nous finirons avant lui
Ce cataclysme qu'on redoute
Peut arriver sans aucun doute,
Mais à quand ce coup d'assommoir ?
On n'a jamais pu le savoir.

## LE TEMPS D'ARRÊT

Air : *de Pilati.*

Donnant libre cours à sa bile,
Nous voyons l'homme à tous moments,
Ainsi qu'un coursier indocile,
Céder à ses emportements :
Vous tous que la colère anime,
Sachez vous vaincre et vous dompter :
Lorsqu'on est au bord de l'abîme,
C'est le moment de s'arrêter.

Aux leçons que fait la sagesse
Gardons-nous de nous montrer sourds,
Et ménageons notre jeunesse
Pour être forts dans nos vieux jours ;
Cédant au torrent qui l'entraîne,
L'homme à trente ans peut tout tenter,
Mais s'il frise la quarantaine,
C'est le moment de s'arrêter.

L'appétit qu'on apporte à table,
Il importe de le régler;
Avec du poisson délectable
On a vu des gens s'étrangler.
A quelque sauce qu'on l'apprête,
Avec soin il faut y goûter;
Et lorsqu'on rencontre une arête,
C'est le moment de s'arrêter.

La bouillotte est un jeu perfide,
Où perd le plus fin connaisseur :
C'est là que le joueur avide
Contracte des dettes d'honneur;
Aux cartes, soit dit sans reproches,
On a grand tort de s'entêter,
Quand on n'a plus rien dans ses poches,
C'est le moment de s'arrêter.

Heureux d'avoir un camarade,
Un ami sûr, un vrai soutien,
Dans la rue, à la promenade,
On se fait suivre par son chien;
Mais à chasser si l'on s'apprête,
C'est son pas qu'il faut emboîter.
Et lorsque l'animal s'arrête....
C'est le moment de s'arrêter.

Au dessert où le vin excite,
On aurait tort de s'en passer,
Mais il est certaine limite
Qu'il ne faut jamais dépasser;
Lorsqu'on grimace, au lieu de rire,
Qu'on sent sa langue s'empâter,
Et qu'on parle pour ne rien dire,
C'est le moment de s'arrêter.

La vie, et c'est fort peu risible,
Pour nous est un chemin de fer
Où le Temps, chauffeur inflexible,
Nous fait aller un train d'enfer.
Malgré les dangers du voyage,
Gaîment on se laisse emporter,
Et ce que l'on craint davantage,
C'est le moment de s'arrêter.

Quoi que je dise ou que je fasse,
Mon embonpoint est positif,
Et pour gravir jusqu'au Parnasse
Je me sens déjà trop poussif ;
Pour moi, qui suis des moins ingambes,
Pégase ne veut plus trotter :
Quand on n'a ni cheval ni jambes,
C'est le moment de s'arrêter.

## N'ALLEZ PAS LA !

Air : *Allez-vous-en, gens de la noce.*

L'auteur de la Métromanie,
Comme bien d'autres aujourd'hui,
En voulait à l'Académie
Qui n'avait pas voulu de lui.
N'en déplaise aux hommes habiles
Que ce docte corps fait hurler,
On ne peut se dissimuler
Que pour trouver des imbéciles }
Ce n'est pas là qu'il faut aller. } *bis.*

Changeant d'humeur, de caractère,
Disons-le sans restriction,

Pour nous aujourd'hui l'Angleterre
N'est plus la perfide Albion.
Elle tient à notre alliance
Qu'une guerre vient de sceller.
Mais pour entendre bien parler
Et des Français et de la France        } bis.
Ce n'est pas là qu'il faut aller !

La poule se plaint, se démène
Quand, les prenant pour des poussins,
Les canetons qu'elle promène
Plongeront dans quelques bassins :
Au retour, d'une voix sévère,
Elle semble leur rappeler
Que l'eau ne peut que les geler,
Et que pour vivre avec leur mère       } bis.
Ce n'est pas là qu'il faut aller !

Des étrangers fort débonnaires
Visiteront tout attristés
L'hôtel où sont ces militaires
Que la mitraille a maltraités ;
Ces mots : Hôtel des Invalides,
Où ces braves vont s'installer,
Devraient pourtant leur rappeler
Que pour voir des gaillards solides    } bis.
Ce n'est pas là qu'il faut aller !

A cinq heures, la foule abonde
Chez certains traiteurs de Paris,
Accessibles à tout le monde
Par la modicité des prix,
L'estomac qui jamais ne cloche
Chez eux pourra se signaler ;

Mais quand on veut se régaler,
Et qu'on a vingt francs dans sa poche,
Ce n'est pas là qu'il faut aller ! } *bis.*

Tout ce quartier des moins austères,
C'est Bréda, si coquet, si beau,
Où reposent les bayadères
De Mabile ou Valentino.
De Tarquin la scélératesse
Dont les résultats font trembler
Ne pourrait se renouveler ;
Car pour trouver une Lucrèce
Ce n'est pas là qu'il faut aller ! } *bis.*

Tous les soirs le Cirque nous donne
Les drames les plus saisissants :
Pour le dieu Mars et pour Bellone
La poudre remplace l'encens ;
Une éloquence assez mesquine
Viendra quelquefois se mêler
Au canon qu'on entend ronfler ;
Mais pour entendre du Racine,
Ce n'est pas là qu'il faut aller ! } *bis.*

La Grande-Chartreuse repousse
Les plaisirs mondains, c'est un fait ;
En ce lieu la vie est moins douce
Que la liqueur que l'on y fait.
Dans cette retraite sauvage
On peut apprendre à distiller :
Mais quand on veut batifoler
Et dévorer un héritage,
Ce n'est pas là qu'il faut aller ! } *bis.*

## LA MOISSON

Air : *Vaud. de Fanchon.*

Des chansonniers qu'on vante
La verve étincelante
Comme un trait vient m'aiguillonner ;
Sans briguer leur couronne
Il est permis de chansonner :
Où le riche moissonne
Le pauvre peut glaner.

Je me souviens que mioche,
Sans un sou dans ma poche,
Près d'un pressoir j'allais flâner
Du trop plein de la tonne
Je me faisais un déjeuner :
Où le riche moissonne
Le pauvre peut glaner.

Du gain d'une victoire
Les chefs seuls ont la gloire,
On a droit de s'en étonner ;
Les lauriers de Bellone
Ne doivent pas s'aliéner :
Où le riche moissonne
Le pauvre peut glaner.

Riches propriétaires,
Faites que sur vos terres
L'indigent puisse braconner

Quand le gibier foisonne
Pourquoi le faire emprisonner ?
　Où le riche moissonne
　Le pauvre peut glaner.

D'humbles fonctionnaires
　Pour grossir leurs salaires
Prennent plaisir à rapiner ;
　Lorsque le chef friponne,
Le moyen de les raisonner ?
　Où le riche moissonne
　Le pauvre peut glaner.

Et vous, Crésus avares,
　Près des mets les plus rares
Libre à vous de ne pas jeûner ;
　Mais souffrez que l'on donne
Les restes de votre dîner :
　Où le riche moissonne
　Le pauvre peut glaner.

Auprès de sa pâture
　La poule sans murmure
Voit les oiseaux tourbillonner ;
　Elle est bonne personne
Et comprend que sans se gêner
　Où le riche moissonne
　Le pauvre peut glaner.

Sur les fleurs du Parnasse
　Des poëtes en masse
Passent leur temps à butiner ;
　Celles qu'on abandonne
Je les prends pour vous les donner :

Où le riche moissonne
Le pauvre peut glaner.

## CHACUN SA MANIÈRE

Air : *Ah ! qu'il est doux de vendanger.*

Des plaisirs le gai carnaval
   A donné le signal :
Chez le ministre on dansera
   Ainsi qu'à la barrière ;
   Et l'on s'amusera
   Chacun à sa manière.

Les arts, loin d'être fainéants,
   Vont à pas de géants ;
Les filous, novateurs discrets,
   Ne sont pas en arrière :
   On entend le progrès
   Chacun à sa manière.

Le champagne, cher aux gourmets,
   Ne manquera jamais !
Ce vin peut braver, dieu merci !
   La grêle meurtrière :
   Car on le fait ici
   Chacun à sa manière.

Quand, grâce aux journaux répandus,
   On voit tant de pendus,
Moi je préfère avec raison

Pendre une crémaillère :
En fait de pendaison
Chacun a sa manière.

Cet étudiant aujourd'hui
Court s'enfermer chez lui,
Quand cet autre s'en va tout droit
Au bal de la Chaumière :
On fait son cours de droit
Chacun à sa manière.

Lise, au cœur tendre et généreux,
Soutient les malheureux ;
Rose de l'amant attristé
Exauce la prière :
On fait la charité
Chacun à sa manière.

Celui-ci vante nos exploits ;
Celui-là, vieux sournois,
Médira de tous nos succès
Et de notre bannière :
En France on est Français
Chacun à sa manière.

Pierre avec la femme d'Armand
File le sentiment;
Armand ne veut pas pour cela
Se fâcher avec Pierre :
On prend ces choses-là
Chacun à sa manière.

Ces soldats, tant jeunes que vieux,
Sont droits comme des pieux :

Dans ma compagnie on n'a pas
  Cette tournure altière,
  Et l'on y marche au pas
  Chacun à sa manière.

Mon voisin, des plus souffreteux,
  A deux docteurs fameux :
Ces médecins, qui font florès,
  Abrégeant sa carrière,
  L'enverront *ad patres*
  Chacun à sa manière.

Il est de singuliers repas
  Où le bruit ne plaît pas ;
Mais ici, dût-on s'étourdir,
  Liberté tout entière :
  Et l'on peut applaudir
  Chacun à sa manière.

## UNE VOCATION

Air : *Boira qui voudra, larirette*.

Qu'au lieu de vider bouteille,
  Un autre chante le vin,
  Sa couleur blanche ou vermeille,
  Ainsi que son goût divin :
Moi j' voudrais célébrer la treille ;
J'en suis sûr, ce serait en vain :
    Quand l' bourgogne est vieux,
    J'aime bien mieux
      Le goûter
      Que d' chanter

Son histoire :
Je ne me sens né que pour boire,
   Et tant que j' vivrai,
      Je boirai !

Je suis rond comme une boule,
Mais j'ai le cœur bien placé.
Je ris du jour qui s'écoule
Et du plaisir dépensé.
J'aime à pinter, loin de la foule,
Le vin qu'un ami m'a versé.
   Mon coffre d'airain
      N'a jamais craint
         Les excès
         Et j' dis qu' c'est
            Méritoire.
Je ne me sens né que pour boire,
   Et tant que j' vivrai,
      Je boirai !

Ainsi que les hirondelles
   Quand vient la froide saison,
J'ai vu fuir à tire d'ailes
   Les amours de ma maison ;
Et désormais les infidèles
Ne troubleront plus ma raison.
   J'en d'mande pardon
      A Cupidon,
         La beauté
         M'a coûté
            Trop d' déboire !
Je ne me sens né que pour boire,
   Et tant que j' vivrai,
      Je boirai !

Dans mes goûts je persévère :
Car, buveur au grand complet,
J'ai la gaîté du trouvère
Et la douceur du poulet.
Ma main sait mieux tenir un verre
Qu'une épée ou qu'un pistolet :
 Ceux qui m'attaqu'ront
  Toujours pourront
   A coup sûr
   Compter sur
  La victoire :
Je ne me sens né que pour boire,
 Et tant que j' vivrai,
  Je boirai !

 Aux flacons quand je fais fête,
 Je n'ai pas le teint blafard
 Et, loin de perdre la tête
 Ainsi que certain pochard,
A m'esquiver si je m'apprête,
J'ai le pied marin de Jean Bart :
 On ne m'verra pas,
  Par un faux pas,
   M' casser l' cou,
   La tête ou
  La mâchoire.
Je ne me sens né que pour boire,
 Et tant que j' vivrai,
  Je boirai !

 Le vin seul me ravigote,
 Car je ne suis pas joueur :
 Le billard et la bouillotte
 N'ont jamais séduit mon cœur ;

Et comme le grand Aristote,
J'ai la tabatière en horreur.
  Bien que mal tourné
   Jamais mon né
    N'a souffert
    De ce ster-
   Nutatoire ;
Je ne me sens né que pour boire,
  Et tant que j' vivrai,
   Je boirai !


  Quand, dans leur comique extase,
  Des poëtes fanfarons
  Font sentir au vieux Pégase
  Le dard de leurs éperons,
Moi, tout à la soif qui m'embrase,
J' fais des vœux pour les vignerons :
   J' n'ai jamais chanté
    La liberté,
    Les lauriers,
    Les guerriers
    Ni la gloire :
Je ne me sens né que pour boire,
  Et tant que j' vivrai,
   Je boirai !


  Je sais qu'on m'appelle ivrogne
  Peu m'importe ce qu'on dit !
  Celui qui rit de ma trogne,
  Je ne l'ai jamais maudit :
Que sur moi l'on taille et l'on rogne,
Ça m'est égal, sans contredit ;

La sobriété,
J' la mets d' côté,
Son attrait
Me paraît
Illusoire :
Je ne me sens né que pour boire,
Et tant que j' vivrai
Je boirai !

## LES INNOCENTS

AIR : *Contentons-nous d'une simple bouteille.*

Quand tout renaît au calme, à l'espérance,
Et que l' printemps se couronne de fleurs,
Certain que Dieu protégera la France,
J'envoie au diable et tristesse et frayeurs.
J' vous avouerai que dans l' siècle où nous sommes
 i la chanson jamais n' me délaissa,
C' n'est pas la faut' des temps ainsi qu' des hommes
Car ils ont fait tout c' qu'ils ont pu pour ça !

Lorsque j'ai vu mon pays dans l' grabuge,
Bien qu'étranger à la réaction,
J'aurais voulu qu'un tout petit déluge
Vînt à nos maux faire diversion ;
Mais d' tous côtés, se montrant peu sévère,
A les punir si le ciel renonça,
C' n'est pas la faute des habitants d' la terre,
Car ils ont fait tout c' qu'ils ont pu pour ça

Avec un cœur ardent comme la braise,
J'ai dû former plus d'un tendre lien ;

Mais j'ai toujours soutenu cette thèse
Qu'on peut aimer et se porter fort bien.
Sexe charmant, j'ai subi ton empire,
Mais loin d' maigrir si mon corps engraissa,
C' n'est pas la faut' des amours, je peux l'dire,
Car ils ont fait tout c' qu'ils ont pu pour ça.

Mon ami Paul et son épouse Isaure
Ont ce qui fait le bonheur de nos jours.
Et cependant ce qui leur manque encore,
C'est un enfant qu'ils attendent toujours ;
Or, je conclus d' leurs plaintes éternelles,
Que si ce vœu jamais ne s'exauça,
C' n'est pas la faut' de ces époux modèles,
Car ils ont fait tout c' qu'ils ont pu pour ça.

En Février, l' peuple, sans crier gare,
Renversa tout ; puis, après le combat,
Des imprudents, profitant d' la bagarre,
Prirent en main l' gouvernail de l'État.
Guidé par eux, si malgré maint' secousse
Le bâtiment jamais ne s'enfonça,
C' n'est pas la faut' de ces marins d'eau douce,
Car ils ont fait tout c' qu'ils ont pu pour ça.

Quand vient le terme, on a beau s'en défendre,
Il faut payer, que l'on soit mal ou bien ;
Avec du sens, on finit par comprendre
Qu'on ne peut pas être logé pour rien ;
Mais de nos jours si certains locataires
Ne veulent pas subir cette loi-là,
C' n'est pas la faut' de leurs propriétaires,
Car ils ont fait tout c' qu'ils ont pu pour ça.

L'été dernier, le manque de pécune
Vit s'augmenter l' nombre des malheureux
Comm' pour venir en aide à l'infortune,
L'hiver du moins ne fut pas rigoureux.
Pendant ces jours si sombres et si tristes,
Ainsi qu' le pain si l' veau jamais n' manqua,
C' n'est pas la faut' des banquets communistes,
Car ils ont fait tout c' qu'ils ont pu pour ça.

Contentons-nous d'une simple bouteille,
Dit un auteur sur l'air de ma chanson :
Mais vous voyez, à ma face vermeille,
Que je n'ai pas profité d' sa leçon ;
Si je n' suis pas par trop insupportable,
Après le vin qu'ici l'on me versa,
C' n'est pas la faut' de mes voisins de table,
Car ils ont fait tout c' qu'ils ont pu pour ça.

## LA CHAISE PERCÉE

### POT POURRI

Mot donné.

Air : *J'en f'rai tant, tant, tant, tant.*

Amis, je vais m'empresser
De faire vibrer ma lyre.
Mais avant de commencer,
Permettez-moi de vous dire
Qu'il faut, pour me mettre en train,
Qu'on répète, pète, pète,
Qu'il faut, pour me mettre  l train, } *bis*.
    Qu'on répète
    Mon refrain.

AIR : *Muse des bois et des accords champêtres.*

N° 394 de la Clef du Caveau.

Muse des bois et des accords champêtres,
Je ne viens pas réclamer ton appui;
Anacréon, Bacchus, ces deux grands maîtres,
Sont impuissants à m'aider aujourd'hui.
Sur cette mer où peut gronder l'orage,
Seul et sans guide il faudra me risquer;
Pour que ma chaise atteigne le rivage,
Puissent les vents ne jamais me manquer!

AIR : *Bouton de Rose.*

N° 64 de la Clef du Caveau.

Sur cette chaise,
Après un dîner prolongé
Éprouve-t-on quelque malaise,
On est bien vite soulagé,
Sur cette chaise!

AIR : *Le premier pas.*

N° 354 de la Clef du Caveau.

Ronde ou carrée, elle sait toujours plaire :
Nous l'employons sans aucun embarras;
A nos enfants elle est très-nécessaire,
Le jour heureux où nous leur voyons faire
Le premier... pas (*bis.*)

Air : *Que le sultan Saladin.*

N° 489 de la Clef du Caveau.

O vous qui ne savez pas
Tout ce qu'elle offre d'appas ;
Lorsque le mal vous assiége,
Tranquillement sur son siége,
Si vous en êtes tentés,
  Restez,
  Restez,
Car à ses commodités
Elle joint l'avantage encore
 D'être inodore.

Air : *de la Sentinelle,*

N° 716 de la Clef du Caveau.

Lorsque la nuit étend son voile épais,
A la clarté du gaz qui se balance
Vous pouvez voir des citoyens français
De quelque borne implorer l'assistance :
 Si pour nos besoins futurs
Ce meuble était dans toutes les ruelles,
 Mes chers amis, soyez en sûrs,
 Désormais tout le long des murs
 On verrait moins de sentinelles.

Air : *de Fanchon.*

N° 792 de la Clef du Caveau.

Pour voyager à l'aise,
 Nous n'avons plus la chaise
Que portaient jadis les laquais :

Elle s'est éclipsée,
Son règne est fini désormais ;
Mais la chaise percée
Ne passera jamais.

Air : *Femmes, voulez-vous éprouver.*

N° 195 de la Clef du Caveau

Tous les médecins vous diront
Que sans employer d'artifice,
Heureux les mortels qui pourront
Se poser sur son orifice.
C'est ce que je fais tous les jours,
Avec bonheur je vous assure,
Et si ça peut durer toujours,
J'en rendrai grâce à la nature. (*bis.*)

Air : *Tout le long, le long de la rivière.*

N° 104 de la Clef du Caveau.

Qu'il soit grossier ou des plus fins,
Ce meuble nous sert à deux fins.
De tout ce que l'on peut y faire
On tire un engrais salutaire,
Qui ne s'enlève que la nuit :
Vous reconnaîtrez ce produit
Quand vous verrez rouler mainte charrette
Tout le long, le long, le long de la Villette,
Tout le long, le long de la Villette.

AIR : *Avec vous sous le même toit.*

N° 54 de la Clef du Caveau.

Avec nous sous le même toit
Elle habite, ainsi qu'une hôtesse
Que, sans faire aucun passe-droit,
Il nous faut visiter sans cesse :
Elle ne se fait pas valoir,
Sa discrétion est parfaite,
Et nous pouvons aller la voir⎫
Sans que notre barbe soit faite.⎭ *bis.*

AIR : *de Philoctète.*

Par nous ce meuble est souvent transporté
Dans une pièce au fond sur le derrière ;
Car du soleil redoutant la lumière,
Il ne se plaît que dans l'obscurité.
A ces clartés qui lui sont importunes
Avec grand soin nous l'avons dérobé :
Mais il n'a rien à craindre de Phébé,
Car il est fait aux changements de lunes. (*bis.*)

AIR : *Ce que j'éprouve en vous voyant.*

N° 1954 de la Clef du Caveau.

Quand je n'éprouve aucun besoin,
Quand je me sens leste et vivace,
Cette chaise alors m'embarrasse,
D'elle je n'attends aucun soin,
Et je voudrais la voir bien loin.
Mais quand vers elle tout m'attire,

Et qu'un mal de ventre effrayant
Guide mes pas vers son gouffre béant,
Les mots me manquent pour vous dire
Ce que j'éprouve en la voyant!

AIR : *de l'Artiste.*

Qu'un malade, et pour cause,
Prenne un médicament,
Il voudra qu'on la pose
Dans son appartement :
Près du feu qu'il tisonne,
Il aime à s'en servir ;
Ça ne blesse personne,
Et ça lui fait plaisir.

AIR : *Où s'en vont, ces gais bergers?*

N° 433 de la Clef du Caveau.

Hier, mon ami Lucas,
Après une bombance,
S'est mis dans un bien vilain cas,
   Grâce à sa pétulance :
L' pauvre homme, notez bien ceci,
   N'a pas eu la pensée,
En s'asseyant, de r'garder si,
   La chaise était percée.

AIR : *Suzon sortait de son village.*

N° 550 de la Clef du Caveau.

Lorsqu'il se sent quelque malaise,
L'académicien plein d'orgueil
Pour se reposer sur ma chaise
Abandonnerait son fauteuil.

A son empire,
Il faut le dire,
Chacun se rend,
Qu'il soit petit ou grand.
Les pairs de France
Et la finance
Matin et soir
Sur elle vont s'asseoir.
On la subit dans les provinces,
Dans la ville et dans le hameau,
La garde qui veille au château
N'en défend pas nos princes !!!

Air : *de Pilati*.

Sur cette importante matière
M'étant un peu trop étendu,
Vous allez me jeter la pierre ;
Mais non, ça vous est défendu :
Vous avez l'âme trop française
Pour qu'ici mes vœux soient déçus,
Et vous accepterez ma chaise
Avec ce que j'ai fait dessus.

## LA DERNIÈRE EXTRÉMITÉ

Air : *Allez-vous-en, gens de la noce.*

Partisan de la chansonnette,
Je ris du ténor de salon
Qui psalmodie une ariette
Sur un air bien lourd et bien long :

A moins de tomber en démence,
Fils d'un chansonnier fort goûté,
Je garderai ma dignité
Et ne chanterai la romance
Qu'à la dernière extrémité !

Qu'un billet de garde vous vienne
Vous direz, et c'est conséquent,
Que si chacun montait la sienne
Votre tour serait moins fréquent :
Tel par le fond et par la forme
Semble un patriote exalté
Qui, soldat de la liberté,
N'endossera son uniforme
Qu'à la dernière extrémité !

Contre le vin on déblatère ;
Il est cent fois meilleur que l'eau,
Qui, pour l'habitant de la terre,
Est un véritable fléau :
Hier un disciple de Grégoire
Dans la rivière s'est jeté,
Bien que de l'eau fort dégoûté,
Prouvant par là qu'il n'en faut boire
Qu'à la dernière extrémité !

Dumont, souffrant et cacochyme,
Vient de se livrer à l'hymen.
Aussi l'on prétend que Maxime
Lui fait déjà voir du chemin.
Il sera trahi, je parie,
Car ce malheur si redouté
Peut rarement être évité
Par celui qui ne se marie
Qu'à la dernière extrémité!

Qu'au pied d'un mur on nous défende
De déposer n'importe quoi ;
Que de gens, je vous le demande,
Braveront l'amende et la loi.
Punir pour de pareilles causes
Ce serait une indignité,
Du moment qu'il est constaté
Qu'on ne fait ces sortes de choses
Qu'à la dernière extrémité !

Privés de viande et de farine,
Naguère des navigateurs
Furent forcés par la famine
A se partager un des leurs ;
De cette histoire lamentable
Tirons cette moralité,
Qu'avec un peu d'humanité,
On ne doit manger son semblable
Qu'à la dernière extrémité !

Comme l'éther, le choroforme
Obtient de la célébrité,
Et c'est une conquête énorme
Dont profite la faculté ;
Mais n'en déplaise à tous ses membres,
Bien que ce moyen fort vanté
Ote la sensibilité,
Ne nous séparons de nos membres
Qu'à la dernière extrémité !

A notre réveil, au plus vite,
Entonnons de joyeux refrains,
Car c'est ainsi que l'on évite
Les noirs soucis et les chagrins :

Contre eux, s'ils venaient nous surprendre,
Combattons avec fermeté!
Aux ennemis de la gaîté
Les Français ne doivent se rendre
Qu'à la dernière extrémité!

## LES BÊTES

Air : *de Pilati.*

N'en déplaise à l'espèce humaine,
Qui de jour en jour s'appauvrit,
Je trouve que dans La Fontaine
Les bêtes ont beaucoup d'esprit.
De bons mots nous sommes avares
Et, soit dit sans nous ravaler,
Peut-être seraient-ils moins rares
Si les bêtes pouvaient parler!

Ne pouvant pas lutter de grâces,
Vous le savez, nos damerets
Préfèrent aller sur les traces
Du lion, l'effroi des forêts...
En voyant leurs mises choquantes,
L'animal qu'on ose voler
Dirait des choses très-piquantes,
Si les bêtes pouvaient parler.

Bien que le cocher jure et sacre
Et que le temps soit des plus beaux,
Nous monterons six dans un fiacre
Que traînent deux maigres chevaux;

Par ces chétives haridelles
Lorsque nous nous faisons rouler,
Nous en entendrions de belles,
Si les bêtes pouvaient parler !

Sur l'obélisque qu'on admire
On voit une foule d'oiseaux,
Mais personne encor n'a pu dire
A quoi servent ces animaux.
Devant ce rébus, et pour cause,
On voit les savants reculer ;
Nous saurions du moins quelque chose
Si les bêtes pouvaient parler !

Tel traiteur que l'on achalande
Trompe l'estomac et les yeux,
Grâce à la tournure friande
De ses civets fallacieux :
En goûtant sa cuisine étrange,
Le doute vient nous harceler ;
On saurait au moins ce qu'on mange
Si les bêtes pouvaient parler !

Quand madame, qui craint son ombre,
Donne audience à quelque amant,
Dans son boudoir discret et sombre
Un tiers se glisse effrontément,
Près d'elle, sur le même siége
Un angora vient s'installer...
Il n'aurait pas ce privilége
Si les bêtes pouvaient parler !

Près de l'aveugle misérable
Vous trouverez toujours un chien,
Le compagnon inséparable

De ceux, hélas! qui n'ont plus rien.
Pour l'homme que la faim tourmente,
Des yeux il semble postuler;
Que sa voix serait éloquente
Si les bêtes pouvaient parler!

La loi contre le braconnage
Avait besoin de leur concours.
Le gibier, en masse, je gage,
Eût donné d'excellents discours;
Mais comme déjà dans les chambres
On voit les bavards pulluler,
Ça vexerait beaucoup de membres
Si les bêtes pouvaient parler!

Après ce couplet que je meure
Plutôt que d'en faire un nouveau,
Attendu que, pour le quart d'heure,
Je suis au bout de mon rouleau.
Quand on n'a plus rien dans la tête,
On ne peut se dissimuler
Qu'on parlerait comme une bête,
Si les bêtes pouvaient parler!

## TOUJOURS

Air : *Faut l'oublier.*

Dérogeant à mon habitude,
Pour le refrain que j'ai choisi,
Sur un air de Romagnési
Souffrez qu'aujourd'hui je prélude;

Loin de singer les troubadours,
A la chanson qui m'ensorcelle
Je ferais mieux d'avoir recours !
Ce soir je lui suis infidèle,
Et pourtant je l'aime toujours !

Sur la terre que Dieu féconde
Le printemps chasse les hivers,
Le bonheur succède aux revers ;
Ainsi tout passe dans ce monde !
La vie avec ses mauvais jours
Ne me rend pas l'humeur chagrine ;
La rose aux gracieux contours
Me déchire avec son épine,
Et pourtant je l'aime toujours !

Faut l'oublier, disait Colette :
Moi, l'oubli ne m'est pas permis,
Et je garde tous mes amis,
Tant je redoute la disette ;
Je leur fais patte de velours,
Et, quand la colère me gagne,
Mon cœur dément tous mes discours ;
Vingt fois j'ai maudit le champagne,
Et pourtant je l'aime toujours !

Certain mari, que l'on signale,
Sans craindre le courroux du ciel,
Voit avec sa lune de miel
S'éteindre sa foi conjugale :
Paré de ses plus beaux atours,
Au logis, il laisse Madame
Pour voler à d'autres amours ;
Depuis longtemps, moi, j'ai ma femme,
Et pourtant je l'aime toujours !

Comme un objet que l'on vénère
Et qu'on a du plaisir à voir,
Je conserve dans un tiroir
La montre qui vient de mon père.
Elle ne m'est d'aucun secours,
L'aiguille sans cesse immobile
Du temps ne marque pas le cours ;
Ce n'est plus qu'un meuble inutile,
Et pourtant je l'aime toujours !

Je doute que je vous amuse
Avec ce ton sentimental :
Si, ce soir, je chante aussi mal,
Il faut vous en prendre à ma Muse
Aussi, je le dis sans détour,
Depuis longtemps, pour la traîtresse
Qui m'a fait tant de mauvais tours,
Je n'ai plus la même tendresse,
Et pourtant je l'aime toujours !

## QUAND ÇA S'EN VA

AIR :
*Et pourtant papa*
*Dit que je suis bête.*
*Est-ce ma faute, da !*
*S'il m'a fait comm' ça ?*

C' dîner confortable
M'a r'mis tout à fait ;
Il est mêm' probable
Qu'à l'heure qu'il est,

Un blanc de poulet
M' s'rait désagréable :
Quand la faim s'en va
C'est toujours comm' ça !

Déjà le feuillage
Couvre le berceau ;
La fille sauvage
Rit au jouvenceau ;
On entend l'oiseau
Chanter sous l'ombrage :
Quand l'hiver s'en va
C'est toujours comm' ça !

A-t-on des sonnettes ?
On nargue l' chagrin ;
Avec des lorettes
On mène grand train.
On s' met dans l' pétrin
En faisant des dettes :
Quand l'argent s'en va
C'est toujours comm' ça !

Avant qu' des faillites
Euss'nt mangé son bien,
Mille parasites
Assiégeaient Bastien.
D'puis qu'il n'a plus rien,
Adieu les visites !
Quand l' bonheur s'en va
C'est toujours comm' ça !

La jeun' Marguerite
M' dit ingénument :

Mon cousin Polyte
Est avec maman ;
A chaque moment
Il lui rend visite :
Quand papa s'en va
C'est toujours comm' ça !

En m' donnant d' l'oseille
A satiété,
Le docteur qui m' veille
Troublait ma santé ;
D'puis qu'il m'a quitté
Je m' porte à merveille :
Quand l' docteur s'en va
C'est toujours comm' ça !

Pour plaire à Charlotte,
Autrefois, Duport,
Comme une linotte,
Chantait sans effort ;
Maintenant, il dort
Comme une marmotte :
Quand l'amour s'en va
C'est toujours comm' ça !

Un boulet funeste,
Du temps d' l'empereur,
Passant vif et leste,
Éborgna Francœur ;
Depuis ce malheur,
Un seul œil lui reste :
Quand l'autre s'en va
C'est toujours comm' ça !

Par l'âge on peut l' dire,
L'homme est arrêté ;
Son ardeur expire,
Ainsi qu' sa gaîté.
Avec la beauté
C'est fini de rire :
Quand jeuness' s'en va
C'est toujours comm' ça !

Ma chanson, je pense,
Jamais n' vous plaira ;
A peine j' commence,
Vous bâillez déjà !
Ce procédé-là
N'a rien qui m'offense :
Quand l' plaisir s'en va
C'est toujours comm' ça !

## ABONDANCE

Air : *de Fanchon.*

Les biens que l'on envie
Et qui charment la vie
  Semblent chez nous
  Se rendre tous;
La corne d'abondance
Nous appartiendra désormais,
  Et les trésors en France
  Ne manqueront jamais.

Notre siècle m'attriste ;
Il se fait égoïste,
C'est évident,
Et cependant,
Pour rendre l'espérance,
Et consoler par leurs bienfaits,
Les gens de cœur en France
Ne manqueront jamais.

Tant que pour notre usage
Il nous faudra fromage,
Riz, café, sel,
Cornichons, miel,
Malgré la médisance,
Et tous les tours qu'on leur a fait,
Les épiciers en France
Ne manqueront jamais.

Ayez pour la couronne
Une âme qui pardonne
Et les vertus
Du bon Titus ;
Faites un bien immense,
Du peuple exaucez les souhaits :
Les mécontents en France
Ne manqueront jamais.

Chez nous c'est un système
De prendre un soin extrême
Des malfaiteurs
Et des voleurs :
Mettons-les dans l'aisance,
Pour eux bâtissons des palais,
Et ces messieurs en France
Ne manqueront jamais.

Heureuse destinée,
Nous avons chaque année
　　Gibiers, poissons,
　　Riches moissons;
Pour surcroît d'abondance,
On dit, grâce aux journaux français,
　　Que les canards en France
　　Ne manqueront jamais.

Tout homme de mérite,
Pour peu qu'il sollicite,
　　Est sûr, je crois,
　　D'avoir la croix;
Les talents qu'on encense
Un beau jour pourront manquer, mais
　　Les croix d'honneur en France
　　Ne manqueront jamais.

Vous qui de l'élégie
Faites l'apologie,
　　Hommes usés,
　　Secs et blasés,
Dans votre indifférence
Dussiez-vous les mettre au rabais,
　　Les chansonniers en France
　　Ne manqueront jamais.

Je ne m'occupe guère
Qu'on me fasse la guerre
　　Sur la façon
　　De ma chanson;
Ayez-en l'assurance,
Que des vers soient bons ou mauvais,
　　Les critiques en France
　　Ne manqueront jamais.

## V'LA TROP LONGTEMPS QU'ÇA DURE

Air : *des Vendangeurs.*

Ma Muse, qui ne mange pas,
 S'ennuie à ce repas !
Et dût-elle vous irriter,
 Perdant toute mesure,
 Elle va vous chanter :
 V'là trop longtemps qu'ça dure !

Enfin le carême est fini,
 Le ciel en soit béni !
Pour les estomacs carnassiers,
 Qu'il met à la torture,
 Et pour les charcutiers
 V'là trop longtemps qu'ça dure.

« Gardez-vous, diront les tailleurs,
 « Des confectionneurs !
« Leurs vêtements sans être vieux
 « Accusent la couture.
 « On n'dira jamais d'eux :
 « V'là trop longtemps qu'ça dure ! »

Mesdames, avec vos atours
 Si vastes et si lourds,
Vous tournez sans vous en douter
 A la caricature.
 Si c'est pour plaisanter,
 V'là trop longtemps qu'ça dure !

4.

Tous les patineurs sont heureux
    D'un froid très-rigoureux;
Mais ceux qui ne patinent pas
    Diront : « L'année est dure ;
    « Au diable les frimas !
    « V'là trop longtemps qu'ça dure ! »

Un inconnu, j' vous l' dis tout bas,
    Hier n'en finissait pas ;
Quand pressé, j' lui dis en courroux,
    A travers la serrure :
    Monsieur, dépêchez-vous,
    V'là trop longtemps qu'ça dure !

Lorsque le Sud avec le Nord
    Était en désaccord :
Qu'ils fassent la paix, disait-on ;
    Car pour la filature
    Et les bonnets d' coton
    V'là trop longtemps qu'ça dure !

J'entends dire que des maris
    Sont dupés et trahis ;
La femme jamais ne trompa,
    C' n'est pas dans sa nature :
    Assez d' cancans comm'ça,
    V'là trop longtemps que ça dure !

En dépit de la faculté,
    Puisse notre santé
De nos modernes Galiens
    N'attendre aucune cure !
    Docteurs et pharmaciens,
    V'là trop longtemps qu'ça dure !

Notre globe serait vexé
    Si le soleil, lassé
De fuir la lune, à deux genoux
    Lui disait : « J' t'en conjure,
    « Ma chère, embrassons-nous,
    « V'là trop longtemps qu' ça dure ! »

La fin du monde arrivera
    Quand l' bon Dieu se dira :
« Puisque l'homme au lieu de jouir
    « Et se plaint et murmure,
    « C'est le moment d'en finir,
    « V'là trop longtemps qu' ça dure »

C'est l' moment d'en finir aussi
    Avec ces couplets-ci,
Car je ne voudrais pas, qu'ici,
    On me dît cette injure :
    Eugène, as-tu fini?
    V'là trop longtemps qu' ça dure !

## JE N' VOUDRAIS PAS ÊTRE A SA PLACE

Air : *Vaudeville de l'Apothicaire.*

Bien que mort depuis fort longtemps,
Le chantre du vin de Falerne
Reçoit les éloges constants
Que le monde entier lui décerne ;
Je ne suis pas assez bourgeois
Pour nier le talent d'Horace ;
Mais comme on ne vit qu'une fois,
Je n' voudrais pas être à sa place.

Le coq ainsi qu'un damoiseau
Passe son temps en amourettes ;
J'aime à le voir faire le beau
Près de trois ou quatre poulettes ;
Mais s'il en a vingt sur les bras
Cette quantité l'embarrasse,
Et je conviens qu'en pareil cas
Je n' voudrais pas être à sa place.

Gérard, maréchal des logis,
Depuis assez longtemps s'applique
A tuer à coups de fusils
Les lions qu'il trouve en Afrique :
Comme lui j'aimerais beaucoup
Leur jeter du plomb à la face ;
Mais qu'il vienne à manquer son coup,
Je n' voudrais pas être à sa place !

Ce banquier grand calculateur,
Grâce aux millions qu'il encaisse,
A la Bourse a l'insigne honneur
De faire la hausse et la baisse ;
Mais ses traits, c'est facile à voir,
Ne sont pas ceux d'un Lovelace,
Et quand il est près d'un miroir
Je n' voudrais pas être à sa place !

Napoléon, l'ambitieux,
Monté sur la colonne antique,
Comme l'aigle, du haut des cieux
Jouit d'un coup d'œil magnifique ;
Mais son bonheur est moins complet
Quand viennent la neige et la glace,
Et, tout Bonaparte qu'il est,
Je n' voudrais pas être à sa place.

Cet homme au visage pointu,
Gai comme un donneur d'eau bénite,
Avec ses semblants de vertu
Me fait l'effet d'un hypocrite.
Bien qu'il n'affiche aucun défaut,
Et qu'il ait l'air assez bonace,
Quand il arrivera là-haut
Je n' voudrais pas être à sa place !

Pégase, coursier fort rétif,
Auprès d'Apollon qui l'appelle
A le privilége exclusif
De voler comme une hirondelle.
Avec des poëtes cossus
J'aime à le voir franchir l'espace,
Mais quand je suis monté dessus
Je n' voudrais pas être à sa place !

## ÇA NE BLESSE PERSONNE

### Air : *de l'Artiste.*

Quand chez nous tout annonce
Le dégoût et l'ennui,
Faut-il que je renonce
A chanter aujourd'hui ?
Des traits que je façonne
Pourquoi me dessaisir ?
Ça ne blesse personne
Et ça me fait plaisir. } *bis.*

Ma Muse se réveille
Lorsque s'enfuit l'hiver,

Car ainsi que l'abeille
Je travaille en plein air ;
Les chants que je fredonne
Je les dois au zéphir,
Ça ne blesse personne } bis.
Et ça me fait plaisir,

Qu'un ami, qu'on signale
Pour savoir bien traiter,
Au rocher de Cancale
Veuille un jour m'inviter ;
L'occasion est bonne,
Et je dois la saisir,
Ça ne blesse personne } bis.
Et ça me fait plaisir.

L'éloquente parole
D'un ministre de Dieu
Me charme et me console,
Je vous en fais l'aveu ;
A sa voix qui résonne
J'aime à me recueillir,
Ça ne blesse personne } bis.
Et ça me fait plaisir.

De l'homme qui m'outrage
Je ne veux pas la mort,
Quand plus calme et plus sage
Il reconnaît son tort ;
Mon cœur qui lui pardonne
Croit à son repentir,
Ça ne blesse personne } bis.
Et ça me fait plaisir.

J'éprouve un peu de honte
Lorsqu'à table je vois
Qu'auprès de moi l'on compte
Les verres que je bois ;
Sur le vin que j'entonne
Pourquoi s'appesantir ?
Ça ne blesse personne ⎫
Et ça me fait plaisir. ⎭ *bis.*

Que quelqu' oiseau butine
Dans mon petit verger,
Avec ma carabine
Je cherche à me venger ;
Dès que l'arme détone
Soudain je le vois fuir,
Ça ne blesse personne ⎫
Et ça me fait plaisir. ⎭ *bis.*

Au pauvre qui demande
Je parle avec douceur,
Et ma modeste offrande
Est faite de bon cœur
Du peu que je lui donne
J'aurais tort de rougir,
Ça ne blesse personne ⎫
Et ça me fait plaisir. ⎭ *bis.*

Dieu recevra, j'espère,
Au séjour des élus
Ceux que j'aimais sur terre
Et que je n'y vois plus ;
Chaque jour je leur donne
Un pieux souvenir !
Ça ne blesse personne ⎫
Et ça me fait plaisir. ⎭ *bis.*

Si mes vers, bien qu'étranges,
Ont pu vous plaire encor,
A toutes vos louanges
Donnez un libre essor ;
J'aime, quand je chansonne,
A m'entendre applaudir,
Ça ne blesse personne
Et ça me fait plaisir. } *bis.*

## C'EST UN' BÊTISE QUI N'A PAS D' NOM

Air : *Ballet des Pierrots.*

A ce dîner qui se signale
Par ses vins et par son menu,
Jouer le rôle de Tantale
Certes ne m'eût pas convenu ;
A table il n'est pas nécessaire
D'avoir l'appétit d'un glouton,
Mais regarder les autres faire,
C'est un' bêtise qui n'a pas d' nom.

Qu'une guerre civile éclate,
En pareil cas, toujours prudent,
Ne craignez pas que je me batte
Pour ou contre tel prétendant :
J'admets qu'on aille à la frontière
S'exposer au feu du canon ;
Mais mourir pour Paul ou Pierre,
C'est un' bêtise qui n'a pas d' nom.

Ne voyant que leur bénéfice,
L'été les traiteurs mécontents,
Maudiront l'averse propice
Qu'on attend depuis si longtemps ;
Qu'importent les dîners sur l'herbe,
Quand il s'agit de la moisson ?
Vouloir toujours un temps superbe,
C'est un' bêtise qui n'a pas d'nom.

Pour une bécasse qu'il tue,
Le chasseur, des plus imprudents,
Du matin au soir s'exténue,
Et s'expose à mille accidents ;
Il faut bien aimer la bécasse
Pour faire un tel métier ! si non,
Déserter son lit pour la chasse,
C'est un' bêtise qui n'a pas d'nom.

Dans des pamphlets et des gazettes,
Rédigés pour je ne sais qui,
On traite encor de girouettes
Tous ceux qui tournent aujourd'hui ;
Quand un État, loin d'être stable,
Est sujet à mutation,
Vouloir rendre l'homme immuable,
C'est un' bêtise qui n'a pas d'nom.

Deux Grecs d'une humeur disparate
Vous sont connus assurément :
L'un se désopilait la rate
Quand l'autre pleurait constamment ;
Il est très-fâcheux pour la Grèce
Que ces deux fous soient en renom,
Car pleurer ou rire sans cesse,
C'est un' bêtise qui n'a pas d'nom.

Au Cirque, à l'heure ou le manége
Laisse reposer les chevaux,
Batty (que le ciel le protége!)
S'enferme avec ses animaux.
En voyant son audace extrême,
Bien que sauvé par un lion,
Androclès aurait dit lui-même :
C'est un' bêtise qui n'a pas d'nom.

Chargés de peupler cette terre,
Ève ainsi qu'Adam son époux
N'ont pas borné leur ministère
A se dire des mots forts doux!
Voilà ce qu'il faut bien comprendre :
Aussi n'en déplaise à Platon,
L'amour comme il paraît l'entendre,
C'est un' bêtise qui n'a pas d'nom.

O vous que la charité guide,
Plaignez un père infortuné
Qui n'a pas le moindre liquide
Pour ondoyer son nouveau-né!
Avant tout ce que je désire,
C'est un parrain pour ma chanson :
Car, je ne crains pas de le dire,
C'est un' bêtise qui n'a pas d'nom.

## ON NE SAIT JAMAIS OU L'ON VA

Air : *Allez-vous-en, gens de la noce.*

Bien que des hommes fort célèbres
Brillent d'un éclat sans pareil,

Nous serions tous dans les ténèbres
Privés des rayons du soleil;
Quand il a fourni sa carrière
La lune nous éclairera
Et chacun s'en applaudira,
Car lors qu'on manque de lumière
On ne sait jamais où l'on va!

Abruti par l'intempérance,
Chez cet ivrogne la raison
Brille toujours par son absence
Et le vin se change en poison;
Auprès du canal s'il chancelle
Demain on le repêchera,
Car du moment qu'on en est là,
Pour peu que le brouillard s'en mêle
On ne sait jamais où l'on va!

Avec un cœur rien moins que tendre,
Trompé par des airs ingénus,
Ce pauvre sot se laisse prendre
Aux piéges qui lui sont tendus;
On pourrait, sans le moindre doute,
Avec les deux yeux que l'on a,
Éviter ces embuches-là;
Mais comme l'Amour n'y voit goutte
On ne sait jamais où l'on va!

Qu'un docteur fasse une autopsie,
C'est, vous le savez tous ici,
Pour connaître la maladie
Lorsque le malade est parti;
Bien que la Mort frappe à sa porte
Notre Hippocrate hésitera,

C'est à tâtons qu'il marchera,
Et lorsqu'on marche de la sorte
On ne sait jamais où l'on va !

Des hommes qu'on n'a pu comprendre,
Et qu'on vit à l'œuvre un moment,
Seraient très-flattés de reprendre
Les rênes du gouvernement;
Confier à ces incapables
Le char de l'État, halte-là !
Assez d'une fois comme ça ;
Avec des postillons semblables
On ne sait jamais où l'on va !

Égaré par son chien sans doute,
Un aveugle hier me priait
De le remettre dans sa route
Que depuis une heure il cherchait;
Tout en le tirant de la peine
Je me tenais ce propos-là :
Qu'en dépit de l'instinct qu'il a,
Lorsqu'un caniche vous promène
On ne sait jamais où l'on va !

Voyez ce ballon qui s'élance :
Il va disparaître à vos yeux,
Et dans les airs il se balance
Jouet des vents capricieux ;
Comme il monte, il descend de même :
Mais rien ne le dirigera.
Or, avec ce système-là,
Godard vous le dira lui-même,
On ne sait jamais où l'on va !

Pour accomplir certain voyage
Qui n'est pas fort de notre goût,
La conscience est un bagage
Qui ne doit pas peser beaucoup :
Dans ce trajet sans aucun doute,
Et qu'un jour ou l'autre on fera,
C'est de l'imprévu qu'on aura,
Attendu qu'une fois en route
On ne sait jamais où l'on va !

Mais pour prolonger notre vie
Comptons toujours sur la gaîté ;
On lui doit, je le certifie,
Bien des cas de longévité.
Sourds à sa voix qui nous console
Notre raison s'égarera ;
Et privés de ce guide-là,
Ainsi qu'un marin sans boussole
On ne sait jamais où l'on va !

## CHARITÉ

Air : *La boulangère a des écus.*

Pour nous punir de nos péchés,
    Las d'être débonnaire,
Dieu nous dit : Mes enfants, tâchez
    De vous tirer d'affaire,
Semez du blé, plantez des choux,
    C'est tout ce que j' peux faire
        Pour vous,     } *bis.*
    C'est tout ce que j' peux faire !

Que dit ce docteur, en tous temps,
    Au valétudinaire?
Partez vite, l'air du printemps
    Vous sera salutaire;
Les champs guériront votre toux,
    C'est tout ce que j' peux faire ⎫
        Pour vous,            ⎬ *bis.*
    C'est tout ce que j' peux faire ! ⎭

A la Vierge, dans sa douleur,
    La pauvre et sage Claire,
En offrant une simple fleur
    Est certaine de plaire,
Dès qu'elle a dit à deux genoux :
    C'est tout ce que j' peux faire ⎫
        Pour vous,            ⎬ *bis.*
    C'est tout ce que j' peux faire ! ⎭

Eh quoi ! dramaturges nouveaux,
    Pour votre œuvre vulgaire
Vous me demandez des bravos ?
    Voulez-vous bien vous taire;
De mes clefs j'ai bouché les trous :
    C'est tout ce que j' peux faire ⎫
        Pour vous,            ⎬ *bis.*
    C'est tout ce que j' peux faire ! ⎭

L'Anglais, peuple des plus sournois,
    S'écrie avec colère :
Prenez, morbleu ! prenez, Chinois,
    Mon opium somnifère,
Ou vous périrez sous mes coups,
    C'est tout ce que j' peux faire ⎫
        Pour vous,            ⎬ *bis.*
    C'est tout ce que j' peux faire ! ⎭

Hier, par la pluie et le brouillard,
  Certain Robert-Macaire
Voulut m'arracher mon riflard.
  Je lui dis : Téméraire !
  Venez vous abriter dessous,
   C'est tout ce que j' peux faire
    Pour vous,   *bis.*
   C'est tout ce que j' peux faire !

Le temps nous dit incessamment :
  Tâchez de vous distraire,
Car il faut partir du moment
  Qu'on est octogénaire ;
Songez-y bien, sages et fous,
   C'est tout ce que j' peux faire
    Pour vous,   *bis.*
   C'est tout ce que j' peux faire !

Ces couplets faits à la vapeur
  Dussent-ils vous déplaire,
Pour eux j'implore avec ferveur
  Votre appui tutélaire ;
Ça n'est pas fort, mais entre nous,
   C'est tout ce que j' peux faire
    Pour vous,   *bis.*
   C'est tout ce que j' peux faire !

## ÇA M'EST BIEN ÉGAL

Air : *J'arrive à pied de province.*

Ma voix plus qu'à l'ordinaire
  Manque de flûté ;

Si j'avais bu de l'eau claire,
    J'aurais mieux chanté ;
Je n' ferai pas des merveilles,
    Mais comme, au total,
On peut s'boucher les oreilles, ⎫
    Ça m'est bien égal.         ⎭ *bis.*

Je m'étais mis dans la tête
    Que Dieu m'enverrait
Quelque banquier bien honnête
    Qui m'enrichirait :
C'était une erreur profonde ;
    Mais comme, au total,
Le soleil luit pour tout l' monde, ⎫
    Ça m'est bien égal !       ⎭ *bis.*

La polka se prostitue
    Aux jeunes, aux vieux,
Et, bien qu'on l'ait défendue
    En de certains lieux,
On polke au bal Mabille ;
    Mais comme, au total,
Je n' suis pas sergent de ville, ⎫
    Ça m'est bien égal !       ⎭ *bis.*

Julien, dont la plume immonde
    Révolte le ciel,
Jette au nez de tout le monde
    Sa bave et son fiel ;
Je suis de ceux qu'il mitraille,
    Mais comme, au total,
Il passe pour un' canaille, ⎫
    Ça m'est bien égal !       ⎭ *bis.*

L'appétit qui me domine,
    Je ne sais pourquoi,
Semble doubler quand je dine
    Ailleurs que chez moi ;
Ces jours-là j'ai la fringale,
    Mais comme, au total,
Ce n'est pas moi qui régale,   } *bis.*
    Ça m'est bien égal !

L'opposition commence
    A se gendarmer
Au sujet des pairs de France
    Qu'on vient de nommer ;
Contre eux elle est acharnée,
    Mais comme, au total,
Je n' suis pas de la fournée,   } *bis.*
    Ça m'est bien égal !

Que de gens à la Courtille,
    D'un air consterné,
Quand la friture petille,
    Se bouchent le né :
C'est vrai qu'ell' n'sent pas l'orange,
    Mais comme, au total,
Ce n'est pas moi qui la mange, } *bis.*
    Ça m'est bien égal !

Dumont, que sa chère femme
    N' craint pas d'affliger,
Est menacé par Madame
    D'un certain danger ;
Je doute qu'il en revienne,
    Mais comme, au total,
Sa femme n'est pas la mienne, } *bis.*
    Ça m'est bien égal !

Je quitterai cette terre
 Où je vis content,
Lorsque mon propriétaire
 Me dira : Va-t-en !
Faudra que mon heure sonne,
 Mais comme, au total,
Je n'ai fait d' mal à personne,
 Ça m'est bien égal !   } *bis.*

Quand j'en suis aussi prodigue,
 Quoique bons garçons,
Vous direz que j'vous fatigue
 Avec mes chansons :
J'voudrais qu'elles pussent vous plaire,
 Mais comme, au total,
J'ai du plaisir à les faire,   } *bis.*
 Ça m'est bien égal !

## ON DEMANDE UN REMPLAÇANT

Air : *Une fille et un oiseau.*

Naguère, pauvre martyr,
D'un refrain j'étais en quête ;
J'avais beau presser ma tête,
Rien ne pouvait en sortir ;
Je me traitais de mazette,
Et j'allais, dans ma disette,
Laisser là ma chansonnette,
Quand dans la rue, en passant,
Écrits en lettres vulgaires
Je lus ces mots tutélaires :
On demande un remplaçant ! (*bis.*)

Vivent ces dîners joyeux
Où, narguant la politique,
Sans façon chacun s'applique
A s'occuper de son mieux ;
Où, quand le dessert arrive,
Une gaîté franche et vive
Jette sur chaque convive
Un éclat éblouissant ;
Où, pour le buveur avide,
Sitôt qu'un flacon est vide
On demande un remplaçant ! (*bis.*)

Ce conscrit des plus mutins
Aspirait, je le parie,
A mourir pour la patrie
Ainsi que les Girondins !
Tel il se montrait naguère,
Mais l'état ne lui plaît guère
Depuis que l'on a la guerre,
Et pour ce héros pur sang
Qu'un mauvais numéro sorte,
Il inscrira sur sa porte :
On demande un remplaçant! (*bis.*)

Nos aimables lionceaux,
Quittant leurs airs de conquête,
Ne viennent plus à nos fêtes
Que pour manger nos gâteaux,
Et, jeunesse en décadence,
Des lieux où l'on valse et danse
Elle se tient à distance,
D'un petit air innocent ;
Mais elle n'est pas manchotte

Aussitôt qu'à la bouillotte
On demande un remplaçant! (*bis.*)

Quand la Parque s'empara
Du pauvre mari d'Hélène,
Comme une autre Madeleine,
Elle se désespéra :
Elle disait à la ronde
Qu'elle voulait fuir le monde ;
Mais cette douleur profonde,
Bien loin d'aller en croissant,
Du temps a subi l'épreuve,
Et dans le cœur de la veuve
On demande un remplaçant! (*bis.*)

L'homme de quelque valeur,
En dépit de son mérite,
Du moment qu'il sollicite,
Doit trancher du grand seigneur ;
Son aplomb imperturbable,
Sa tenue irréprochable,
A l'huissier peu charitable
Le rendront intéressant ;
Mais malheur au pauvre sire,
Si son habit semble dire :
On demande un remplaçant! (*bis.*)

Lorsqu'au départ des beaux jours
Le rossignol se chagrine,
Moi, fier de mon origine,
Je chante et chante toujours ;
Mais quelque honneur que je brigue,
Ma poitrine se fatigue,
Et voulant mettre une digue

A ce flonflon incessant,
Pour reposer mon génie,
J'attends qu'à l'académie
On demande un remplaçant ! (*bis*.)

## 1856

Air : *de la romance de Téniers.*

Janvier paraît, et son manteau de glace,
Pesant fardeau, fait plier nos genoux ;
Un mois s'éteint, un autre le remplace,
Telle est la loi que nous subissons tous.
A chaque pas, à chaque heure qui sonne,
Mon horizon a beau se rembrunir,
Dans sa bonté, puisque Dieu me les donne,
Qu'ils soient bénis les jours qui vont venir !

Sur le pays nombre de pessimistes
De s'alarmer éprouvent le besoin ;
Moi, plus heureux que tous ces fatalistes,
Je ne vois pas les malheurs de si loin.
Augurant mieux de notre destinée,
Plus que jamais j'ai foi dans l'avenir,
Et je me dis, en saluant l'année :
Qu'ils soient bénis les jours qui vont venir !

Lontemps, hélas ! notre sol fut stérile,
(Les malheureux se le rappellent bien)
Le grain manquait au moulin immobile,
Et le pressoir ne pressurait plus rien.
La soif, la faim, désormais rassurées,

D'un ciel clément comptent bien obtenir
De beaux raisins et des gerbes dorées.
Qu'ils soient bénis les jours qui vont venir !

Lorsqu' entraînés par les locomotives,
Mille accidents pouvaient nous frapper tous,
Le fiacre avec des allures moins vives
Semblait aussi conspirer contre nous ;
Dans cette année, aussi belle que bonne,
Si la vapeur daigne se contenir,
Si les cochers n'assassinent personne (1),
Qu'ils soient bénis les jours qui vont venir !

Notre gaîté, qui tout à coup s'affaisse,
De plus en plus voyait tomber son cours,
Quand les loyers, qui n'aiment pas la baisse,
Comme la mer montaient, montaient toujours !
Et nous montions, nous, le plus haut possible
Devant le flot prêt à nous engloutir !
S'ils mettent fin à cette lutte horrible,
Qu'ils soient bénis les jours qui vont venir !

Assez de guerre, et de sang et de larmes,
Finissons-en, dira le monde entier !
La paix est faite, et déposant les armes,
Le soldat rentre et se fait ouvrier.
Les travailleurs rendus à la patrie
Sont tous à l'œuvre, et pour les soutenir,
L'or des combats retourne à l'industrie.
Qu'ils soient bénis les jours qui vont venir !

Lorsqu'à mes yeux tant d'espérance brille,
Je dois songer, dans ce dernier couplet,

(1) Allusion au cocher Collignon.

A mes enfants, mes amis, ma famille,
Trésor que j'aime à voir au grand complet ;
D'affections je fus toujours avide,
Et comme ceux qui viennent de finir,
Si dans mon cœur ils ne font aucun vide,
Qu'ils soient bénis les jours qui vont venir !

## NE VOIS-TU RIEN VENIR ?

Air : *du Vaudeville de Madame Scarron.*

Ou : *Ce soir-là, sous son ombrage.*

En dépit de ma lorgnette,
Je ne vois rien en plein jour ;
Toi, dont la vue est plus nette,
Ma sœur, monte sur la tour ;
A travers mainte lézarde,
Ton œil peut tout découvrir :
Ma sœur Anne, regarde...
Ne vois-tu rien venir ?

Au loin grondent les tempêtes,
Mais le calme reviendra ;
Sans éclater sur nos têtes,
Cet orage passera ;
Moi, je compte, bien qu'il tarde,
Sur un meilleur avenir :
Ma sœur Anne, regarde...
Ne vois-tu rien venir ?

Les savants cherchent la trace
D'un ballon qui, fendant l'air,
Doit naviguer dans l'espace,
Comme un vaisseau sur la mer.
Ne fût-ce que par mégarde,
Cet essai peut réussir :
Ma sœur Anne, regarde,
Ne vois-tu rien venir ?

La poste m'a fait remettre,
Moyennant cinq sous de port,
Une très-aimable lettre
D'un ami du Périgord :
Il m'annonce une poularde
Qui paraît tout réunir ;
Ma sœur Anne, regarde,
Ne vois-tu rien venir ?

Quand maint démocrate aspire
A nous imposer sa loi,
Celui-ci voudrait l'empire,
Celui-là voudrait un roi ;
On parle d'une cocarde
Qui pourrait tout aplanir :
Ma sœur Anne, regarde,
Ne vois-tu rien venir ?

De la saison rigoureuse
Le pauvre voudrait la fin.
L'hirondelle voyageuse,
Dis-moi, revient-elle enfin ?
Des beaux jours cette avant-garde
S'annonce-t-elle au zéphir ?
Ma sœur Anne, regarde,
Ne vois-tu rien venir ?

De l'avenir de ma fille,
Tout enfant qu'elle est, je dois,
En bon père de famille,
Me préoccuper parfois :
Le gendre que Dieu me garde
A l'horizon peut surgir ;
Ma sœur Anne, regarde,
Ne vois-tu rien venir ?

Tombé jeune et misérable
Sous la griffe de Satan,
Cet homme fut bien coupable ;
Mais, moribond repentant,
Il attend dans sa mansarde
Un prêtre pour le bénir :
Ma sœur Anne, regarde,
Ne vois-tu rien venir ?

Dans son vol des plus rapides
Le Temps, toujours inhumain,
Nous fait aujourd'hui des rides
Qu'il continuera demain ;
Sur ma figure égrillarde,
Qui ne peut lui convenir,
Ma sœur Anne, regarde,
Ne vois-tu rien venir ?

Poëte de la banlieue,
On va me faire endéver ;
Mais comme dans Barbe-Bleue,
L'amitié peut me sauver :
Dans la peur qui me poignarde,
Je l'avais fait prévenir ;
Ma sœur Anne, regarde,
Ne vois-tu rien venir ?

## LES CARACTÈRES

Air : *Ah ! qu'il est doux de vendanger.*

Le Français, comme à l'âge d'or,
    A table chante encor ;
L'Anglais, plus ou moins empâté,
    A son dessert se grise,
      Avec cette gaîté
      Qui le caractérise.

Des parasites, braves gens,
    Et très-intelligents,
Viendront, quand votre veau rôtit,
    Vous faire une surprise,
      Avec cet appétit
      Qui les caractérise !

A ce gamin des mieux dressés
    Si vous vous adressez,
Il vous répondra, le farceur,
    Dans sa langue incomprise,
      Avec cet air blageur
      Qui le caractérise !

Mon boucher est fort étonné
    De se voir condamné :
Je le comprends, car maître Éloi
    Livre sa marchandise
      Avec la bonne foi
      Qui le caractérise.

Cet homme, esprit fin et charmant,
    Cause timidement !
Cet autre, beaucoup moins profond,
    Ne dit qu'une bêtise,
    Mais c'est avec l'aplomb
    Qui le caractérise.

Tel employé, jeune ou vieillard,
    N'est jamais en retard ;
D'autres, d'un pas plus modéré,
    Arrivent à leur guise,
    Avec ce feu sacré
    Qui les caractérise !

Cette Espagnole à l'œil mutin
    Saute comme un lutin !
C'est une danse à faire peur,
    Mais qu'elle poétise
    Avec cette pudeur
    Qui la caractérise !

Montons-nous dans un fiacre pour
    Franchir quelque faubourg ;
Le cocher, fort désappointé,
    Témoigne sa surprise
    Avec l'urbanité
    Qui le caractérise !

On impose, et l'on a raison,
    Les chiens de ma maison :
Tous les jours, sur mon paillasson
    Ils font quelque sottise,
    Avec ce sans-façon
    Qui les caractérise.

En amour comme au champ d'honneur
　　Le zouave est vainqueur ;
Aussi n'est-il pas de vertu
　　Qu'il ne trompe et séduise,
　　Sous cet air ingénu
　　Qui le caractérise.

Comme vous n'êtes pas méchants
　　Lorsqu'il s'agit de chants,
Vous accueillerez mon refrain,
　　Quoi qu'on fasse et qu'on dise,
　　Avec l'aimable entrain
　　Qui vous caractérise !

## LE VRAI COURAGE

### Air : *de Fanchon.*

Plaignons d'abord cet homme :
　　L'existence l'assomme ;
Et de vivre quand on est las,
　　Avoir un équipage
Et faire ses quatre repas,
　　Voilà le vrai courage
　　Ou je n' m'y connais pas !

　　Martyr du mariage,
　　D'un troisième veuvage
Le pauvre Pierre est déjà las !
　　Se remettre en ménage
Après de pareils résultats,
　　Voilà le vrai courage
　　Ou je n' m'y connais pas !

Affronter la mitraille,
Dit ce monsieur qui raille,
C'est le fait de tous les soldats ;
Sortir de chez Lepage
Et tirer un homme à vingt pas,
Voilà le vrai courage
Ou je n' m'y connais pas.

Caton par sa sagesse
Fut et sera sans cesse
Un modèle à suivre ici-bas !
Vivre comme ce sage,
Mourir comme Léonidas,
Voilà le vrai courage
Ou je n' m'y connais pas.

Sans être un terre-neuve,
S'élancer dans un fleuve
Pour ravir un homme au trépas,
Le chercher à la nage
Et le ramener dans ses bras,
Voilà le vrai courage
Ou je n' m'y connais pas !

Quand ce grand seigneur chasse,
Lièvre, perdreau, bécasse
Par centaines sont mis à bas !
Tel survit au carnage
Qui, s'il parlait, dirait tout bas :
Voilà le vrai courage
Ou je n' m'y connais pas.

Mieux vaut faire la guerre
Au tigre, à la panthère,

Ainsi qu'au lion de l'Atlas !
S'exposer à leur rage
Seul et la carabine au bras,
Voilà le vrai courage
Ou je n' m'y connais pas !

Lorsque c'est nécessaire
Prouver que l'on sait faire
Du respect humain peu de cas,
Tenir tête à l'orage
Et braver les sots d'ici-bas,
Voilà le vrai courage
Ou je n' m'y connais pas !

Cette liqueur parfaite
Que des chartreux ont faite,
Ils s'en privent à leurs repas ;
Composer ce breuvage
Et n'en boire dans aucun cas,
Voilà le vrai courage
Ou je n' m'y connais pas !

Tel en vain se consume
Qui brisera sa plume,
Et c'est un tort en pareil cas ;
Se remettre à l'ouvrage
Et livrer de nouveaux combats,
Voilà le vrai courage
Ou je n' m'y connais pas.

## QUAND ON N'PEUT PAS FAIRE AUTREMENT

Air : *Allez-vous-en! gens de la noce.*

Bien qu'à coup sûr je le préfère,
Je me vois, dans ce moment-ci,
Obligé de quitter mon verre
Pour prendre les deux que voici :
Ma vue est déjà des moins nettes,
Ce qui me vexe horriblement ;
Mais, comme on dit vulgairement,
Il faut bien porter des lunettes
Quand on n' peut pas faire autrement !

On cite comme un phénomène
Ce Grec abrité d'un manteau,
Dont le nom était Diogène,
Et qui vivait dans un tonneau :
Cet homme d'assez mince étoffe
Prenait la chose fort gaîment,
Par ce motif, probablement,
Qu'il faut bien être philosophe
Quand on n' peut pas faire autrement !

Bien des gens trouveront des charmes
A se lamenter de leur mieux,
Et vous les verrez fondre en larmes
Pour des motifs peu sérieux.
Chez moi, bien qu'avec un cœur tendre,
Les pleurs viennent péniblement ;
Tant mieux ! car, sous le firmament,

Il est toujours temps d'en répandre
Quand on n' peut pas faire autrement !

Il fut un temps, bien regrettable,
Où le locataire enchanté
Chez son propriétaire affable
Faisait le whist ou l'écarté :
C'était l'âge d'or sur la terre ;
Mais depuis qu'on a récemment
Augmenté chaque appartement,
On va voir son propriétaire
Quand on n' peut pas faire autrement !

Quand deux États sont en querelle
Ils voudraient, pour l'humanité,
Voir, sans que le canon s'en mêle,
S'applanir la difficulté ;
On s'agite, on se met en quatre,
Car devant un tel argument
Chacun recule bravement,
Et puis l'on finit par se battre
Quand on n' peut pas faire autrement !

Messieurs les faiseurs d'épigrammes,
Vous ne pouvez voir, sans crier,
Des hommes ainsi que des dames
S'installer chez un pâtissier ;
Ne leur faites pas de reproches :
Car le pain, véritablement,
Coûte si cher, qu'en ce moment
Il faut bien manger des brioches,
Quand on n' peut pas faire autrement !

Triste et vieux, un beau jour le diable
Se fit ermite, on sait cela ;
Tel un fou devient raisonnable
Quand le temps lui dit : Halte-là !
Fuyant les plaisirs du jeune âge
On vit seul et tranquillement,
Loin du monde et du mouvement,
Attendu qu'il faut être sage
Quand on n' peut pas faire autrement !

Qu'un chansonnier soit à la glace,
Grâce aux lois de l'humanité,
Vous n'irez pas lui dire en face
Que vous l'avez fort peu goûté ;
Or, loin de me monter la tête,
S'il m'arrivait un compliment,
Je me dirais fort sensément,
Qu'on est bien forcé d'être honnête
Quand on n' peut pas faire autrement !

# A MON FILS ÉMILE, AGÉ DE ONZE MOIS

Air : *Et voilà comme tout s'arrange.*

Émile, tu n'as pas un an,
Et tout bas je t'en félicite ;
Pour toi l'aiguille du cadran
Marchera toujours assez vite.
Arrête ton vol un moment,
Fais-moi ce premier sacrifice ;
L'enfance est un rêve charmant.
Peut-être verrais-je autrement
Si j'étais encore en nourrice ! (*bis.*)

6.

Tout n'ira pas selon tes vœux,
Une fois admis au collége ;
Enfant tu fais ce que tu veux,
C'est là ton plus beau privilége !
De ton âge, petit vaurien,
On satisfait chaque caprice :
Aussi, je te le promets bien,
Je ne me refuserais rien
Si j'étais encore en nourrice ! (*bis.*)

Que te font à toi les hivers !
Tu n'as ni commerce, ni place,
C'est sous tes rideaux entr'ouverts
Que tu vois la neige et la glace ;
Moi qui sors, qu'il tombe de l'eau,
Que le froid plus ou moins sévisse,
Comme toi, sans chef ni bureau,
Je resterais dans mon berceau
Si j'étais encore en nourrice ! (*bis.*)

Pour toi, son petit Benjamin,
La beauté, rien moins qu'inhumaine,
Te prête l'appui de sa main
Lorsque ta grandeur se promène ;
Tu la séduis à peu de frais,
Quand ses dédains font mon supplice :
Ainsi que toi je lui plairais,
Que de baisers je recevrais
Si j'étais encore en nourrice ! (*bis.*)

Le fermier fut-il sans moissons
Et le vigneron sans vendanges,
On te berce au bruit des chansons,
Ton sommeil est celui des anges.

Moi qui dors fort mal quand juillet
A nos treilles n'est pas propice
Au lieu de Bourgogne aigrelet
Je me contenterais de lait
Si j'étais encore en nourrice ! (*bis*.)

As-tu besoin ? pauvre petit !
Vite ton assiette est remplie ;
Pour apaiser ton appétit
Il suffit d'un peu de bouillie.
De ma faim que rien n'égale
Mon estomac fut le complice :
Ce qu'il en advint, le voilà ;
Je n'aurais pas ce ventre-là
Si j'étais encore en nourrice ! (*bis*.)

Le bruit te plaît, ça se conçoit,
Le tambour a pour toi des charmes :
Heureux bambin, on s'aperçoit
Que tu n'as jamais pris les armes ;
Mais quand le rappel un beau jour
Battra l'heure de ton service,
Alors tu te diras à ton tour :
J'aimerais beaucoup le tambour
Si j'étais encore en nourrice ! (*bis*.)

Mais à quoi bon tous ces discours?
Ton pauvre père déraisonne ;
On ne peut pas teter toujours,
Ça deviendrait fort monotone.
Si mon enfance s'écoula,
Il faut que je m'en réjouisse :
Car le plus clair de tout cela,
C'est que tu ne serais pas là
Si j'étais encore en nourrice ! (*bis*.)

## L'OMELETTE

Air : *J'arrive à pied de la province.*

Qu'un autre travaille et lime
　　Son vers contourné ;
Moi, je foule aux pieds la rime,
　　Quand je suis gêné.
Souffrez que je vous répète
　　Un dicton bien vieux :
On ne fait pas d'omelette
　　Sans casser des œufs !

C'est lorsque le feu petille
　　Au bruit du soufflet,
Qu'il faut rompre la coquille
　　Du pauvre poulet ;
Comme il n'est pas de goguette
　　Sans l'aï mousseux,
On ne fait pas d'omelette
　　Sans casser des œufs !

Pour féconder la nature
　　S'il tombe un peu d'eau,
On tremble pour sa parure
　　Ou pour son chapeau ;
Que fait au ciel la toilette
　　De nos merveilleux ?
On ne fait pas d'omelette
　　Sans casser des œufs !

Des émeutiers de la rue
　　Détournons nos pas ;

La garde est souvent bourrue
    Et ne se rend pas ;
Quand sur eux elle se jette,
    Gare aux curieux !
On ne fait pas d'omelette
    Sans casser des œufs !

L'amour depuis sa naissance
    Est un dieu trompeur,
Qui souvent de l'innocence
    Causa le malheur ;
Ferme ta porte, fillette,
    A tes amoureux :
On ne fait pas d'omelette
    Sans casser des œufs !

Pour qu'ils ne mordent personne,
    L'été, je comprends
Que le préfet empoisonne
    Tous les chiens errants ;
S'ils mangent une boulette
    C'est tant pis pour eux :
On ne fait pas d'omelette
    Sans casser des œufs !

Bonaparte, le grand homme,
    Disait aux Français :
Demain il faut que j'assomme
    Le Russe et l'Anglais ;
Qu'aucun de vous ne regrette
    Ses fils, ses neveux :
On ne fait pas d'omelette
    Sans casser des œufs !

On n'a pas de matelotte
  Sans poisson ni vin ;
On n'a pas de gibelotte
  Sans lièvre ou lapin ;
On n'a pas de vinaigrette
  Sans veaux ni sans bœufs ;
On ne fait pas d'omelette
  Sans casser des œufs!

Comme un écrivain qu'on vante,
  Sur cet impromptu
J'ai consulté ma servante,
  Qui m'a répondu :
« Ce que dit vot' chansonnette
  « Est judicieux,
« On ne fait pas d'omelette
  « Sans casser des œufs! »

## COUPLETS POUR MA FÊTE

Air : *J'ons un curé patriote.*

Quoi ! pour la fête d'Eugène
Pas un mot, pas un couplet !
Je vous trouve un peu sans gêne
Et je vous le dis tout net.
A la barbe d'Apollon
Moi j'ai fait une chanson,
    Et voilà,
    Oui voilà,
Voilà comme il faut chanter
L'ami que nous voulons fêter!

Faut-il de son caractère
Vanter ici la candeur ?
Il n'est méchant ni colère,
Ni maussade, ni boudeur !
C'est un type sans égal,
Enfin un être idéal.
  Et voilà,
   Oui voilà,
Voilà comme il faut chanter
L'ami que nous voulons fêter !


Une santé très-débile
Le force à quitter Paris,
Et dans ce champêtre asile
Il prélude au paradis !
A Belleville, il est sûr
De respirer un air pur.
  Et voilà,
   Oui voilà,
Voilà comme il faut chanter
L'ami que nous voulons fêter !


Patriote plein de zèle,
Fier de servir son pays,
Lorsque le tambour l'appelle
Il déserte son logis ;
Malgré son air délicat
Quel intrépide soldat !
  Et voilà,
   Oui voilà,
Voilà comme il faut chanter
L'ami que nous voulons fêter !

Notre jeune anachorète,
Las de son obscurité,
Tout à coup s'est fait poëte :
Grande est sa célébrité !
Mais, je dois en convenir,
La gloire le fait maigrir.
  Et voilà,
   Oui voilà,
Voilà comme il faut chanter
L'ami que nous voulons fêter !

Grâce à lui, la chansonnette
A pris un nouvel essor ;
Chants joyeux que je regrette,
Vous me charmerez encor.
Au Parnasse il siégera :
D'ici, je l'y vois déjà !
  Et voilà,
   Oui voilà,
Voilà comme il faut chanter
L'ami que nous voulons fêter !

Sans être trop téméraire
Je prédis, c'est positif,
La fortune du libraire
Qui l'imprimera tout vif
Car il fera des envois
Jusque chez les Iroquois.
  Et voilà,
   Oui voilà,
Voilà comme il faut chanter
L'ami que nous voulons fêter !

Quand d'Eugène sur la terre
Viendront les derniers instants,
Temple où repose Voltaire,
Ouvre-lui tes deux battants;
Oui, moderne Anacréon,
Ta place est au Panthéon.
      Et voilà,
        Oui voilà,
Voilà comme il faut chanter
L'ami que nous voulons fêter!

---

## Y A QUEUQ' CHOSE LA D'SSOUS

AIR: *J'arrive à pied de la province.*

Que de gens recommandables
    Vivent ignorés,
Lorsque tant de misérables
    Seront honorés!
C'est le cœur qui manque, en somme,
    A tous ces grigoux,
Tandis que chez l'honnête homme
    Y a queuq' chos' là-d'ssous.

Nous voir à cent pieds sous terre,
    Je l'dis carrément,
C'est le vœu que l'Angleterre
    Forme à tout moment.

Aussi quand cette puissance
  Nous fait les yeux doux,
Nous pouvons tous dire en France :
  Y a queuq' chos' là-d'ssous.

Qu on r'présente une tempête
  Au grand Opéra,
L'illusion est complète,
  Rien n'y manquera ;
Pour imiter, somme toute,
  Les flots en courroux,
Ça n' fait pas l'ombre d'un doute
  Y a queuq' chos' là-d'ssous.

C'est d'en haut que le tonnerre
  Produit des dégâts ;
Ceux des tremblements de terre
  Viennent de plus bas !
La chose est bien positive,
  Aussi disons-nous :
Quand une secousse arrive,
  Y a queuq' chos' là-d'ssous.

La truffe, dont tout le monde
  Ne peut approcher,
C'est un animal immonde
  Qui va la chercher ;
Grattant la terre où l'attire
  Son parfum si doux,
En grognant il semble dire :
  Y a queuq' chos' là-d'ssous.

Dans un endroit peu champêtre
  J' passais à minuit,
Quand un bras, d'une fenêtre
  S'allonge sans bruit :

J'allais r'cevoir sur la tête
    C' que vous savez tous,
Quand un' voix s'écrie : Arrête !
    Y a queuq' chose là-d'ssous.

Lorsque des tables parlantes
    On parlait beaucoup,
Des personnes complaisantes
    Avaient monté l' coup !
Des hommes plus raisonnables
    Et qu'on traitait d' fous,
Disaient en r'gardant ces tables :
    Y a queuq' chose là-d'ssous.

Un certain chat, dit la Fable,
    Surpris de s'y voir,
Cherchait en vain son semblable
    Derrièr' le miroir ;
Avec cette intelligence
    Commune aux matous,
Il devait s' dire, je pense,
    Y a queuq' chose là-d'ssous !

A quatre ans, à mon bon père,
    Qui riait tout bas,
Je d'mandais un petit frère
    Qui n'arrivait pas ;
Un matin, la jardinière
    Me fit voir des choux,
Et me dit avec mystère :
    Y a queuq' chose là-d'ssous!

Lorsque j'avais le pied leste,
    J'aimais trottiner
Et ne faisais pas ma sieste

Après le dîner ;
J' n'ai plus le même physique
Ni les mêmes goûts,
Il faut que l' docteur s'explique,
Y a queuq' chose là-d'ssous.

## SI C'ÉTAIT A REFAIRE

Air : *de Pilati.*

Rimer quand on n'est pas poëte,
C'est une fière absurdité :
Le vers qui jaillit de la tête
Ne vaut pas ce qu'il a coûté.
Chercher à sortir de sa sphère
C'est se préparer des regrets.
Si la chose était à refaire
Je sais bien ce que je ferais !

Après s'être glorifiée
De voir arriver son hymen,
Certaine jeune mariée
Se sera dit le lendemain :
« Quoi c'est là cette grande affaire
« Qui nous demande tant d'apprêts !
« Si la chose était à refaire
« Je sais bien ce que je ferais ! »

Hier un manant, dans la rue,
Battait sa femme et son enfant :
J'arrive, sur lui je me rue,
Du combat je sors triomphant
Cette conduite est exemplaire
Mais j'affirme que, désormais,
Si la chose était à refaire
Je sais bien ce que je ferais !

Un vieux camarade que j'aime
M'invita, très-obligeamment,
A venir entendre un poëme
Qu'il avait commis récemment :
Empressé de le satisfaire,
Chez lui je courus tout exprès;
Si la chose était à refaire
Je sais bien ce que je ferais !

Je n'ai jamais cru, sur mon âme,
Aux vertus de ce damoiseau
Se sauvant des bras d'une femme
En abandonnant son manteau;
A Putiphar jaloux de plaire,
Joseph a dû se dire, après :
Si la chose était à refaire
Je sais bien ce que je ferais !

Lors qu'en juillet mil huit cent trente
Le peuple brisa ses liens,
Je crus à la joie enivrante
Comme au bonheur des citoyens;
Mais dejà plus d'un prolétaire
Murmure ces mots indiscrets :
Si la chose était à refaire
Je sais bien ce je que ferais !

Au lieu d'une dent incurable
Un dentiste, dernièrement,
M'en arrache une irréprochable,
Puis il me dit ingénument :
« Je me suis trompé de molaire,
« Monsieur, croyez à mes regrets,
« Si la chose était à refaire
« Je sais bien ce que je ferais.

Les hommes sont de grands coupables,
Interrogez les nations,
Partout les moins déraisonnables
Sont criblés d'inperfections.
Aussi Dieu, bien que débonnaire,
Doit dire en les voyant de près :
Si la chose était à refaire
Je sais bien ce que je ferais.

## OBLIGEANCE

### Air : *De Mazaniello*.

D'un refrain quand je suis en quête,
Daignez, Messieurs, m'encourager :
Pour peu que je perde la tête,
Je sens que je vais patauger ;
Je n'y mets pas de gloriole,
Et le convive, en ce moment,
Qui me couperait la parole
M'obligerait infiniment.

Tout en faisant ma chansonnette,
Ce matin, fantassin coquet,
J'ai nettoyé ma baïonnette,
Mon mousqueton et mon briquet.
Ces armes, on peut me les prendre ;
Aussi, notre gouvernement
En m'obligeant à les lui rendre
M'obligerait infiniment.

L'heureuse et tendre Philomèle
Chante quand viennent les beaux jours,
Mais pour moi la saison nouvelle
N'est plus la saison des amours.
Je ne me crois pas fait pour plaire,
Et les femmes, assurément,
Qui me soutiendraient le contraire
M'obligeraient infiniment.

Las de vivre toujours en guerre,
J'ai l'espoir que tous les Français,
Un jour, sans haine et sans colère,
Signeront un traité de paix.
Nous finirons par nous entendre,
Mais quand ? je n'en sais rien vraiment,
Quiconque pourrait me l'apprendre
M'obligerait infiniment.

Il est des personnes étranges
Qui, croyant me faire un cadeau,
Au vin que j'aime sans mélange
S'empressent d'ajouter de l'eau.
Ces officieux, que je tance
Pour leur coupable empressement,
En me montrant moins d'obligeance
M'obligeraient infiniment.

Hippocrate, par Artaxerce
Craignant de se laisser gagner,
Refusa tout l'or que la Perse
Avait bien voulu lui donner.
J'admire d'autant plus cet homme,
Qu'à vous parler bien franchement,
L'offre d'une pareille somme
M'obligerait infiniment.

Bien qu'ils portent les mêmes armes
Et qu'il aient les mêmes travaux,
On a remplacé les gendarmes
Par les gardes municipaux.
Quel est l'avantage qu'on tire
De ce notable changement?
Celui qui pourait me le dire
M'obligerait infiniment.

Au mépris public je les livre,
Ces hommes qu'on devrait flétrir,
Insensés qui craignent de vivre,
Par la peur qu'ils ont de mourir.
S'il fallait que je succombasse,
Je n'en aurais aucun tourment ;
Mais celui qui prendrait ma place
M'obligerait infiniment.

## UN EXCELLENT FRANÇAIS

Air : *J'ai vu le Parnasse des Dames.*

J'aime mon pays et désire
Que personne n'en doute ici ;

Mais l'amour sacré qu'il m'inspire
Ne m'aveugle pas, Dieu merci !
La fièvre du patriotisme,
Chez moi, dans ses plus forts accès
Ne va pas jusqu'au fanatisme,
Et cependant je suis Français,
Je suis un excellent Français !

Cette origine qui m'honore
Je ne pense pas l'outrager,
Lorsque, dans ma faim, je dévore,
Quelques produits de l'étranger ;
Ma soif ne connaît pas de gêne,
Et je bois dans mes jours d'excès
Plus de Porto que de Suresne,
Et cependant je suis Français,
Je suis un excellent Français !

L'hiver, lorsque le froid m'assiége,
Et par le brouillard aveuglé,
Sur nos trottoirs couverts de neige
Vingt fois je me suis étalé ;
Alors, excusez ma folie,
Au pays que je chérissais
J'aurais préféré l'Italie,
Et cependant je suis Français,
Je suis un excellent Français !

Quand chez nous un auteur radote,
On l'applaudit à qui mieux mieux ;
C'est à tort : un compatriote
N'a pas le droit d'être ennuyeux ;
A cet écrivain ridicule

Loin de désirer des succès,
Je le sifflerais sans scrupule,
Et cependant je suis Français,
Je suis un excellent Français !

Ils sont passés ces jours de fête
Où nos soldats, pleins de valeur,
Faisaient conquêtes sur conquêtes
Aux cris de *Vive l'empereur!*
Et moi que tant de gloire étonne,
Hier soir je m'assoupissais
En chantant l'air de la Colonne,
Et cependant je suis Français,
Je suis un excellent Français !

Paris, si fécond en merveilles,
Possède plusieurs romanciers
Dont les écrits charment les veilles
Des grisettes et des portiers ;
Eh bien ! malgré leur vogue en France,
C'est à Walter Scott l'Ecossais
Que je donne la préférence,
Et cependant je suis Français,
Je suis un excellent Français !

Par habitude et par nature
Je n'aime pas me coucher tard,
Aussi jamais je ne figure
Dans les bals de monsieur Musard :
Au milieu de cette cohue
Que faire si je paraissais ?
Je ne danse pas la chahue,
Et cependant je suis Français,
Je suis un excellent Français !

Suspends tes accords, ô ma lyre !
C'est trop d'efforts infructueux ;
Il ne faut pas que je m'abuse,
Lamartine et moi ça fait deux !
Si ce poëte un jour s'empare
De mes malencontreux essais,
Il me prendra pour un barbare,
Et cependant je suis Français,
Je suis un excellent Français !

## MYSTÈRES

Air : *de Pilati.*

Je ne sais par quelle aventure,
Plus heureux que ceux de Paris,
Les mystères de la nature
N'ont par encore été surpris ;
Sans que son voile se déchire
Aux esprits les mieux cultivés,
Comme le sphinx elle peut dire :
Expliquez ça..... si vous pouvez !

Doués d'une seconde vue,
En dormant, des gens bien connus
Liront sans faire de bévue
Dans les premiers livres venus ;
C'est un beau résultat sans doute :
Avec les yeux que vous avez
Vous qui souvent n'y voyez goutte,
Expliquez ça..... si vous pouvez !

Comment se fait-il que Corneille
N'ait rien perdu de sa verdeur?
Ses écrits, huitième merveille!
Font toujours battre notre cœur.
Entourés de leur auréole,
Le temps nous les a conservés ;
Vous qui suivez une autre école,
Expliquez ça..... si vous pouvez !

Monsieur, me disait un ivrogne,
Quand je suis à gobelotter,
Aucun enfant de la Pologne
Avec moi ne saurait lutter :
Votre soif, je veux bien le croire,
Se calme lorsque vous buvez ;
Moi, plus je bois, plus je veux boire,
Expliquez ça..... si vous pouvez !

D'ou vient que l'homme a des moustaches
Et quelle est leur utilité?
D'où vient que la lune a des taches
En hiver ainsi qu'en été?
Pourquoi n'est-elle pas plus nette?
Astronome, qui l'observez
Au moyen de votre lunette,
Expliquez ça..... si vous pouvez !

Le char de l'Etat, je l'avoue,
Pourrait rouler bien mieux encor :
Mais loin de pousser à la roue
On paralyse son essor,
Avec son pesant attelage
Il faut qu'il brûle les pavés
Lorsqu'on lui barre le passage...
Expliquez ça..... si vous pouvez

Pourquoi la fleur se fane-t-elle
Pour renaître après les frimas ?
Pourquoi le chien est-il fidèle
Quand les hommes ne le sont pas ?
Pourquoi voit-on tant de Tartufes ?
Pourquoi les terrains cultivés
N'ont-il jamais produit de truffes ?
Expliquez ça..... si vous pouvez !

Du haut des cieux, l'Être suprême
Protège l'oiseau dans son nid ;
C'est par lui que le grain qu'on sème
Se multiplie à l'infini ;
Seul ici-bas il peut tout faire
Sans que ses vœux soient entravés :
Pourquoi ? Ce n'est pas mon affaire,
Expliquez ça..... si vous pouvez !

# FORT

### Air :

On ne chante guère aux tables
Où l'on fait trop de façons ;
Mais dans ces dîners aimables,
Peuplés de joyeux garçons,
Quand les vins sont agréables
Et que l'on a des poumons,
   On n'a jamais tort
Quand on chante, chante, chante,
   On n'a jamais tort
    Quand on chante, chante
      Fort !

Peu connaisseur en musique,
Mais tapageur par métier,
Pour contenter sa pratique,
Malgré les cris du quartier,
Dès qu'il ouvre sa boutique
Que chante le chaudronnier ?
    On n'a jamais tort
Quand on cogne, cogne, cogne,
    On n'a jamais tort
      Quand on cogne, cogne
        Fort !

Traînant sa lourde voiture
Plaignons ce pauvre animal :
S'il ralentit son allure
Le fouet lui sera fatal ;
D'où nous devons tous conclure
Que lorsque l'on est cheval,
    On n'a jamais tort
Quand on tire, tire, tire,
    On n'a jamais tort
      Quand on tire, tire
        Fort !

Lorsqu'auprès d'une Lucrèce
Un Tarquin vient constamment,
Le mari dans sa détresse
Tombe aussitôt sur l'amant ;
C'est brutal, je le confesse,
Mais dans un pareil moment
    On n'a jamais tort,
Quand on tape, frappe, tape,
    On n'a jamais tort
      Quand on tape, frappe
        Fort !

Qu'un auteur donne un ouvrage
Où l'esprit brille partout,
Donnons-lui notre suffrage,
Applaudissons jusqu'au bout ;
Mais lorsqu'une pièce outrage
La morale et le bon goût,
    On n'a jamais tort
Quand on siffle, siffle, siffle,
    On n'a jamais tort
      Quand on siffle, siffle
        Fort !

Quand un pauvre diable expire,
A quoi bon carillonner?
Mais quand on sonne pour dire
Qu'il est l'heure de dîner,
Pour que les mets qu'on fait cuire
Ne puissent se calciner,
    On n'a jamais tort
Quand on sonne, sonne, sonne,
    On n'a jamais tort
      Quand on sonne, sonne
        Fort !

On doit boire avec prudence
D'un vin au goût aigrelet,
Mais quand on est en présence
D'un vieux flacon qui vous plaît,
A moins d'être en diligence
Ou dans un cabriolet,
    On n'a jamais tort
Quand on verse, verse, verse,
    On n'a jamais tort
      Quand on verse, verse
        Fort !

L'amitié c'est, à bien prendre,
Un feu qu'il faut attiser :
Trinquons donc, sans plus attendre,
Dussent nos cœurs s'embraser,
Dussent nos vins se répandre
Et nos verres se briser ;
   On n'a jamais tort
Quand on trinque, trinque, trinque,
   On n'a jamais tort
   Quand on trinque, trinque
     Fort !

## LA PUISSANCE DE L'HOMME

Air : *de Madame Grégoire.*

ou : *c'est le beau Thomas.*

Hier, en pensant
Que ma chanson n'était pas faite,
   J'ai senti le sang
Me monter des pieds à la tête !
   Puis mettant à profit
   Un temps qui me suffit,
Je prends la plume et je m'escrime,
Pénétré de cette maxime :
   Ce que l'homme veut
   Toujours il le peut !

   Autrefois Jason
Et son équipage invincible
   Prirent la toison
Que gardait un dragon terrible ;

Atlas, des plus dispos,
Mit le ciel sur son dos;
Sans manger et sans perdre haleine,
Jonas vécut dans la baleine;
　　Ce que l'homme veut
　　Toujours il le peut !

Voltaire donna
Mahomet, Zaïre et Mérope;
　　Corneille, Cinna,
Et Molière, le Misanthrope;
　　Du cerveau des humains,
　　Ainsi que de leurs mains,
Il sort des œuvres admirables,
Il en sort aussi d'exécrables.....
　　Ce que l'homme veut
　　Toujours il le peut !

Est-ce à vos neveux
Qu'il faut laisser votre héritage ?
　　Maris paresseux,
Allons, mettez-vous à l'ouvrage !
　　Faites ce que je dis,
　　Sachez bien que, jadis,
Danaüs eut cinquante filles,
Egyptus cinquante bons drilles !
　　Ce que l'homme veut
　　Toujours il le peut !

Le ciel le doua
D'un estomac fort débonnaire,
　　Et Gargantua
Ne fit pas ce qu'il pouvait faire ;
　　J'ai vu certain jongleur,

Sans effort ni douleur,
Avaler, comme des mauviettes,
Des sabres et des baïonnettes ;
   Ce que l'homme veut
   Toujours il le peut !

   De l'homme, en effet,
La puissance est surnaturelle :
   Naguère, il a fait
Jaillir l'eau du puits de Grenelle ;
   Il perce le Simplon,
   Il s'élève en ballon,
Il dompte les bêtes farouches,
Il redresse les yeux aux louches ;
   Ce que l'homme veut
   Toujours il le peut !

   Descarte appliqua
L'algèbre à la géométrie ;
   Le bon roi Numa
Inventa la nymphe Egérie ;
   Titus, des plus humains,
   Est chéri des Romains ;
De son côté, Denys s'amuse
A tyranniser Syracuse ;
   Ce que l'homme veut
   Toujours il le peut !

   Excellent archer,
Guillaume Tell perce une pomme,
   Sans même toucher
Le front de son petit bonhomme ;
   Pour se distraire un peu,
   Néron met Rome en feu ;

César bat Pompée à Pharsale ;
Hercule file aux pieds d'Omphale ;
   Ce que l'homme veut
   Toujours il le peut !

   Auriol, le sauteur,
Se fait plus léger qu'une plume ;
   Didot l'imprimeur
Met Voltaire dans un volume ;
   Ducornet estropié
    Ne peint qu'avec son pié ;
Duprez, malgré sa piètre mine,
Nous donnait son do de poitrine ;
   Ce que l'homme veut
   Toujours il le peut !

   Bref, c'est l'animal
Le plus intelligent du monde ;
   Il est sans rival
Sur la terre ainsi que sur l'onde ;
   Son pouvoir souverain
    Ne connaît pas de frein :
Témoin Robespierre lui-même,
Qui décréta l'Être suprême !
   Ce que l'homme veut
   Toujours il le peut !

## L'IMMUABLE

Air : *De Landerirette.*

Par la ville et la campagne,
Fidèle à mes vieux falots,

Ainsi qu'un mulet d'Espagne
Je fais sonner mes grelots :
Chaque jour que le Ciel apporte
Au plaisir il est consacré ;
Je me trouve bien de la sorte, } *bis.*
Tel je suis, tel je resterai !

Tous les travers que l'on fronde
Je les vois en raccourci :
Depuis que je suis au monde
Il en est toujours ainsi ;
Qu'on me blâme ou non, peu m'importe,
C'est mon système, et j'y tiendrai,
Je me trouve bien de la sorte, } *bis.*
Tel je suis, tel je resterai !

Au ciel en guise d'offrande
Je chante au premier beau jour ;
Ma joie est tout aussi grande
Quand l'hiver est de retour :
Les feuilles que le vent emporte
Au printemps je les reverrai ;
Je me trouve bien de la sorte, } *bis.*
Tel je suis, tel je resterai !

Ma santé paradoxale
Révolte les envieux,
Ma faim n'eut jamais d'égale,
Et si je suis gras, tant mieux !
Des plaisirs je grossis l'escorte ;
Or, jamais je ne maigrirai,
Je me trouve bien de la sorte, } *bis.*
Tel je suis, tel je resterai !

La fortune est désirable,
Je le dis sans balancer,
Mais tout homme raisonnable
Doit apprendre à s'en passer ;
Je n'ai rien, le diable m'emporte !
Rien que mon rire immodéré :
Je me trouve bien de la sorte, } *bis.*
Tel je suis, tel je resterai !

Les banquiers et leurs banknotes
Ne troublent pas mon repos :
S'ils ont du foin dans leurs bottes
Moi j'en ai dans mes sabots ;
La gaîté me prêtant main-forte,
Mon avenir est assuré,
Je me trouve bien de la sorte, } *bis.*
Tel je suis, tel je resterai !

Pour que personne ne doute
De ma solvabilité,
Avant d'en boire une goutte
Mon bourgogne est acquitté :
Aussi les santés que je porte
Je le fais d'un bras assuré ;
Je me trouve bien de la sorte, } *bis.*
Tel je suis, tel je resterai !

A ces fous dont la tristesse
Peut me causer quelque effroi
Je fais la défense expresse
De mettre les pieds chez moi ;
A moins qu'ils n'enfoncent ma porte
Jamais je ne leur ouvrirai :
Je me trouve bien de la sorte, } *bis.*
Tel je suis, tel je resterai !

Plus heureux que l'homme sage
Que les veilles ont vaincu,
Si je grisonne avant l'âge,
C'est preuve que j'ai vécu ;
A vivre encor mieux je m'exhorte,
Et, croyez-moi, j'y parviendrai :
Je me trouve bien de la sorte, } bis.
Tel je suis, tel je resterai !

## L'ORAGE

Air : *Des vendangeurs.*

Le Destin, ainsi que le Temps,
   Est des plus inconstants ;
Aux champs, à la ville, à la cour
   Aussi bien qu'au village,
   Souvent le plus beau jour
   Finit par un orage !

Noé, dans la prévision
   D'une inondation,
Se dit : Faisons une arche pour
   Sauver tout mon bagage ;
   Souvent le plus beau jour
   Finit par un orage !

Sur l'herbe on dîne à tout hasard
   Et l'on trouve, un peu tard,
Qu'on eût été mieux chez Véfour
   Que sous un frais ombrage :
   Souvent le plus beau jour
   Finit par un orage !

Pour que ces prés, ces gerbes d'or,
  Véritable trésor,
Soïent, hélas! perdus sans retour,
  Il suffit d'un nuage :
  Souvent le plus beau jour
  Finit par un orage !

Deux mariés rentraient chez eux
  Trempés, mais très-heureux ;
En riant, les gens du faubourg
  Disaient sur leur passage :
  Souvent le plus beau jour
  Finit par un orage !

Quand rien ne présage un malheur,
  Les enfants du pêcheur
Oublieront, guettant son retour,
  Les plaisirs de leur âge :
  Souvent le plus beau jour
  Finit par un orage !

Pauvres canards, dans ce ruisseau
  Pas une goutte d'eau !
Mais par ce temps pesant et lourd
  Ne perdez pas courage :
  Souvent le plus beau jour
  Finit par un orage !

Par un beau soleil de juillet
  Tout Paris s'éveillait,
Et, le soir, émeute et tambour
  Commençaient leur ramage :
  Souvent le plus beau jour
  Finit par un orage !

Écoutez ce tendre pigeon
  Dire à son compagnon :
« Ne pars pas, reste en ce séjour,
  « Malheur à qui voyage :
  « Souvent le plus beau jour
  « Finit par un orage !

D'un paratonnerre armons-nous,
  Jeunes, vieux, sages, fous,
Car pour les hommes, tour à tour,
  En tous lieux, à tout âge,
  Souvent le plus beau jour
  Finit par un orage !

Mais pendant que je chante ici,
  Le ciel s'est obscurci !
Pauvre rossignol, à mon tour
  Je crains pour mon plumage :
  Souvent le plus beau jour
  Finit par un orage !

## J'AI PERDU LA RAISON

### Air : *de Téniers.*

Quand mon pays devient atrabilaire,
Si d'un censeur justement courroucé
J'ose parfois prendre le ton sévère,
Je vous entends me traiter d'insensé !
Voyez un peu jusqu'où va mon délire :
Je veux qu'en France on vive à l'unisson,
Que la gaîté reprenne son empire ;
N'est-il pas vrai, j'ai perdu la raison ?

Vous qui rêvez beaux-arts et poésie,
Tout enivrés de vos essais brillants,
Vous convoitez la palme du génie,
Vous êtes nains, vous vous faites géants !
D'un vain laurier l'espérance illusoire
Dans plus d'un cœur s'est changée en poison :
Moi, j'aime mieux vivre heureux et sans gloire;
N'est-il pas vrai, j'ai perdu la raison ?

Littérateurs dont la plume féconde
De mon pays est l'orgueil et l'espoir,
En propageant vos écrits dans le monde
Vous reculez les bornes du savoir.
Pardonnez-moi, je vais bien vous surprendre,
Cherchant toujours quelque utile leçon,
Je vous ai lus, souvent sans vous comprendre :
N'est-il pas vrai, j'ai perdu la raison ?

Contre le rire au théâtre on complote,
C'est une horreur ! c'est une indignité !
Momus chagrin a brisé sa marotte,
Devant le drame il fuit épouvanté.
Tristes auteurs, dussiez-vous me maudire !
Moi, quand j'ai vu vos pièces en renom,
Si j'ai pleuré, c'est à force de rire :
N'est-il pas vrai, j'ai perdu la raison ?

De gais refrains jadis charmaient nos pères :
De l'avenir alors peu soucieux,
Ils confondaient et leurs cœurs et leurs verres ;
Mais de nos jours on est plus sérieux.
Faible jouet de mon cerveau malade,
Sans y penser j'ai fait une chanson :
Le siècle avance, et moi je rétrograde ;
N'est-il pas vrai, j'ai perdu la raison ?

# DE L'HOMÉOPATHIE

SOUS LE RAPPORT PHYSIQUE ET MORAL

Air : *Et le cœur à la danse.*

Science féconde en abus,
　J'abjure ta routine ;
Similia Similibus :
　Voilà ma médecine !
　Chasser le mal, par le mal,
　C'est vraiment original.
　　Par goût, par sympathie,
　Moi qui suis pour la nouveauté,
　　Par l'homéopathie
　　Je veux être traité.

Je repousse le quinquina,
　Cette drogue classique ;
A bas l'ipécacuanha,
　Au diable l'émétique !
　Hippocrate est éclipsé,
　Et Gallien enfoncé.
　　Par goût, par sympathie, etc.

Dans un cas d'indigestion,
　On ordonne la diète :
Cette triste précaution
　N'est pas dans ma recette ;
　Fût-on malade à mourir,
　Il faut manger pour guérir.
　　Par goût, par sympathie, etc.

Ce conscrit, qui tremblait de peur
    Au bruit de la mitraille,
Naguère a prouvé sa valeur
    Dans plus d'une bataille ;
  C'est en bravant le canon
  Qu'il cessa d'être poltron.
    Par goût, par sympathie, etc.

Hier dans un joyeux festin,
    A boire je m'apprête,
Mais un flacon de chambertin
    Me fait tourner la tête ;
  Aussi la première fois,
  Au lieu d'un, j'en boirai trois.
    Par goût, par sympathie, etc.

Vous que les tourments de l'amour
    Plongent dans la tristesse,
Pour vous distraire, chaque jour
    Faites une maîtresse,
  Ça fouette bien mieux le sang
  Qu'un sirop rafraîchissant.
    Par goût, par sympathie, etc.

Qu'un homme ait le désagrément
    De tomber d'un troisième,
Pour le guérir plus promptement,
    Jetez-le d'un sixième ;
  Puis après, croyez-le bien,
  Il ne sentira plus rien.
    Par goût, par sympathie, etc.

Si ma chanson, contre mon gré,
    Messieurs, vous indispose,

Je vous en administrerai
Une seconde dose ;
Pour éviter ce malheur,
Avec moi chantez en chœur :
Par goût, par sympathie,
Moi qui suis pour la nouveauté,
Par l'homéopathie
Je veux être traité.

## LE JEUNE VIEILLARD

Air : *d'Aristippe.*

ou : *Des plaisirs promis à la terre.*

Déjà je touche au terme du voyage.
A me frapper que le destin fut prompt !
De la raison je subis l'esclavage,
Et j'aperçois des rides sur mon front ;
Oui, désormais, plus de folle dépense,
Sur le passé je dois fermer les yeux :
A l'avenir il est temps que je pense,
    Mes bons amis, je me fais vieux (*bis*).

Je ne suis plus cet amant insensible
Qui se jouait des larmes de l'amour ;
Ainsi que moi le temps fut inflexible,
De ses rigueurs il m'accable à son tour :
Puis-je en douter, alors que de mon âme
Je vois s'éteindre, hélas ! les derniers feux...
Le croiriez-vous ? je n'aime qu'une femme !
    Mes bons amis, je me fais vieux *bis*).

Je me rappelle encor ces jours de fête
Où, tout entier à mes joyeux ébats,
Du long dîner maudissant l'étiquette,
Je m'esquivais au milieu du repas ;
Mais avec l'âge on devient plus traitable
Et maintenant, comme nos bons aïeux,
Je passerais toutes mes nuits à table :
    Mes bons amis, je me fais vieux (*bis*).

Vous qui courez, fiers de votre jeunesse,
A ces plaisirs que nous offre l'hiver,
Vous arrivez..... soudain, avec ivresse,
Vous vous pressez autour d'un tapis vert ;
Moi, je me plais à ces riants quadrilles
Que réunit l'archet mélodieux ;
J'aime à danser avec de jeunes filles :
    Mes bons amis, je me fais vieux (*bis*).

L'ambition n'a pas flétri ma vie,
Je me complais dans mon obscurité :
Je ne suis rien, aussi la calomnie
A respecté mon humble nullité.
Jusqu'à présent, en paix avec moi-même,
Loin des grandeurs, si j'ai su vivre heureux,
Il est trop tard pour changer de système,
    Mes bons amis, je me fais vieux (*bis*).

Ne souffrons pas que le chagrin s'empare
Des jours que Dieu créa pour le plaisir ;
Consolons-nous : si la mort nous sépare,
L'Éternité saura nous réunir.
Du Tout-Puissant les bienfaits sont immenses,
Après la terre il nous donne les cieux ;
Vous qui doutez... respectez mes croyances,
    Mes bons amis, je me fais vieux (*bis*).

## LE MARI D'UNE MUSE

Air : *de L'apothicaire.*

A vous entendre, j'avais tort
De prendre une femme poëte ;
Votre amitié plaignait mon sort :
Aviez-vous donc perdu la tête ?
En tous lieux mon nom est cité,
Et si le public s'en amuse,
Je n'en suis pas moins très-flatté
D'être le mari d'une muse !

Un enfant comblerait mes vœux :
Mais elle prétend, Uranie,
Qu'en la rendant mère je veux
Nuire à l'essor de son génie ;
Aussi, dans sa rigidité,
Elle vit comme une recluse.
Je n'en suis pas moins très-flatté
D'être le mari d'une muse !

Tout en admirant le savoir
Qu'elle montre dans chaque ouvrage,
Je commence à m'apercevoir
Que ma maison est au pillage :
Son désir de célébrité
A tant de détails se refuse ;
Je n'en suis pas moins très-flatté
D'être le mari d'une muse !

Je vois surtout avec regret
Qu'elle néglige ma cuisine :

Mon déjeuner n'est jamais prêt
Et c'est tout au plus si je dîne.
Compromettre ainsi ma santé,
Cette conduite est sans excuse ;
Je n'en suis pas moins très-flatté
D'être le mari d'une muse !

J'aime à rire ; mais, par malheur,
Pour plaire à cette chère amie,
Dans mon salon j'ai la douleur
De me croire à l'Académie :
Vingt fois par jour, en vérité,
De ma patience elle abuse ;
Je n'en suis pas moins très-flatté
D'être le mari d'une muse !

Tel est son fatal engouement,
Qu'à l'heure où tout Paris repose,
Il me faut subir constamment
Ses alexandrins ou sa prose :
Si je m'endors à son côté
Elle ose me traiter de buse ;
Je n'en suis pas moins très-flatté
D'être le mari d'une muse !

Au total ses nombreux travaux
Ne m'offrent aucune ressource ;
Les éditeurs et les journaux
Auront bientôt vidé ma bourse ;
Dans cette triste extrémité
C'est elle seule que j'accuse,
Je n'en suis pas moins très-flatté
D'être le mari d'une muse !

## L'HOMME SENSIBLE

Air : *Et voilà comme tout s'arrange.*

Être sensible, c'est fort bien,
Mais l'excès en tout est nuisible,
Avec un cœur comme le mien
Le bonheur devient impossible :
Je plains l'écolier dissipé,
Pour l'avenir triste présage !
Je plains l'honnête homme dupé,
Mais les ingrats qui l'ont trompé
Je les plains, hélas ! davantage.

Je plains le marchand éperdu
En voyant tomber son commerce,
Je plains le caniche perdu
Surpris par la neige ou l'averse,
Les élus de la nation
Qu'on injurie et qu'on outrage
Excitent ma compassion,
Mais les bourgeois en faction
Je les plains, hélas ! davantage.

Je compatis à la douleur
Des êtres souffrants et débiles,
Ainsi qu'à celle du censeur
Qui lit par jour vingt vaudevilles ;
Souvent je songe aux embarras
De l'indigent dans son ménage,
Avec cinq enfants sur les bras....
Mais les riches qui n'en ont pas,
Je les plains, hélas ! davantage.

Je plains le pauvre naufragé
Que les vents éloignent de terre;
Je plains le citoyen chargé
De composer un ministère :
S'il choisit mal, il est permis
De craindre pour lui quelque orage
Mais en pareil cas le pays,
Dont le repos est compromis,
Je le plains, hélas! davantage.

Les bons vins m'ont toujours fait peur
Quand ils fermentent dans ma tête :
Malgré leur bouquet tentateur,
En homme prudent je m'arrête.
Ivre mort auprès d'un tonneau
Si je plains l'ivrogne peu sage,
Celui que son faible cerveau
Condamne au régime de l'eau
Je le plains, hélas! davantage.

Qu'on saisisse un conspirateur
Les mains encor noires de poudre,
Tout en déplorant son erreur
Nous voudrions qu'on pût l'absoudre ;
On s'intéresse au prisonnier
Victime d'un accès de rage,
Mais le soldat et l'ouvrier
Tombés sous son feu meurtrier,
Je les plains, hélas ! davantage.

Je plains les malheureux proscrits
Sans pain, sans patrie et sans gîte;
Je plains les bouchers de Paris
Que le bœuf gras traîne à sa suite :

8.

Ils s'amusent à peu de frais;
Mais l'animal, suivant l'usage,
Que l'on engraisse tout exprès
Et puis que l'on assomme après,
Je le plains, hélas! davantage.

Au mot de choléra-morbus
Pour tous mes amis je frissonne,
Je plains les chevaux d'omnibus
Lorsque le mot : complet! résonne,
Je plains ceux qui sont allés voir
*Carter* et son tigre sauvage,
Je plains l'amoureux sans espoir,
Mais vous qui m'écoutez ce soir
Je vous plains, hélas! davantage.

## COMMENCEMENT ET FIN

### Air : *de Pilati*.

Chez ce grand seigneur intraitable,
Où je ne vais pas, Dieu merci!
On ne reste qu'une heure à table,
L'étiquette le veut ainsi.
Mais ces dîners sans conséquence
Que l'amitié présidera,
On sait toujours quand ça commence
Mais jamais quand ça finira.

Quelque bonheur que l'on obtienne,
Son temps est toujours limité,
Et quelque soin que l'on en prenne,
Il passe comme un jour d'été;

Le guignon, quelle différence!
Sur nous dès qu'il s'acharnera,
On sait toujours quand ça commence
Mais jamais quand ça finira.

Vous que votre maigreur chagrine,
Ah! croyez-moi, n'engraissez point.
Vous ne savez pas, j'imagine,
Jusqu'où peut aller l'embonpoint.
Lablache, à moins d'être en démence,
Tout le premier en conviendra,
On sait toujours quand ça commence
Mais jamais quand ça finira.

Notre chambre législative
Devrait, fidèle à son mandat,
Se montrer plus expéditive
Pour les affaires de l'Etat :
Grâce à son peu de diligence,
Dans tout ce qu'elle entreprendra
On sait toujours quand ça commence
Mais jamais quand ça finira.

Quand il a fini sa carrière,
Qu'il illustra beaucoup ou peu,
L'esprit, ainsi qu'une lumière,
Finit par jeter moins de feu;
La bêtise est un puits immense
Qu'aucune main ne sondera,
On sait toujours quand ça commence
Mais jamais quand ça finira.

Depuis plus de soixante années
Le pays va couci, couci,

Serait-il dans nos destinées
De vivre encor longtemps ainsi ?
Les révolutions en France
Me font l'effet du choléra,
On sait toujours quand ça commence
Mais jamais quand ça finira.

Parmi les êtres fort nuisibles,
Je dois signaler au plus tôt
Ce bégayeur des plus terribles
Qui répète vingt fois son mot;
Pressés, évitons sa présence,
Car les discours qu'il nous tiendra
On sait toujours quand ça commence
Mais jamais quand ça finira.

La vie impose un sacrifice :
Celui de vieillir ici-bas ;
Mais quand faut-il qu'elle finisse?
Grâce au ciel on ne le sait pas.
Il en est de notre existence
Comme d'un grand air d'opéra,
On sait toujours quand ça commence
Mais jamais quand ça finira.

Je veux tirer mille exemplaires
De mes chansons, qu'en pensez-vous
Faites, diront certains libraires,
Mais quand à les écouler tous...
C'est une œuvre de patience
Que le temps seul achèvera,
On sait toujours quand ça commence
Mais sait-on quand ça finira ?

## LA LIBERTÉ

Air : *Contentons-nous d'une simple bouteille.*

Dans ma chanson j' n'ai pas mis d' politique
L' mal n'est pas grand, j' vous d'mande à quoi qu' ça sert?
Je n' trouve pas très-anacréontique
D' nous prendre aux cheveux au moment du dessert ;
D'ailleurs je veux dans mon tolérantisme
Qu'aucun parti ne soit persécuté :
Car autrement, ce s'rait du despotisme,
C' n'est pas ainsi qu' j'entends la liberté !

Ne m' parlez pas d' ces gens dont la manie
Est de vouloir que l' public s'occup' d'eux :
Ces gaillards-là se trouvent du génie ;
S' tromper comm' ça, mon Dieu, qu' c'est malheureux !
Je sais qu' chez nous les fous peuvent écrire,
Jamais ce droit ne leur fut contesté ;
C'pendant, messieurs, permettez-moi d' vous l' dire,
C' n'est pas ainsi qu' j'entends la liberté !

De mon pays citoyen tributaire,
J'ai satisfait à la conscription ;
Quoiqu' libéré du service militaire,
Dans le civil je mont' ma faction.
Cet état d' chose et m' fatigue et m'irrite
Tell'ment qu' l'aut' nuit, du froid mal abrité,
Je m'écriais au fond de ma guérite :
C' n'est pas ainsi qu' j'entends la liberté !

Certes, j' n'ai pas la vertu d'une vestale,
C' qui n' m'empêche pas de conv'nir qu'avant tout,
J'aim' qu'on respect' les mœurs et la morale,
C'est mon idée à moi : chacun son goût !
Mais de nos jours, des lois de la décence
On s'affranchit avec impunité ;
Voilà pourtant où conduit la licence !
C' n'est pas ainsi qu' j'entends la liberté !

Nous n' voyons plus, comm' dans l'ancien régime,
Les grands traiter les p'tits insolemment ;
Du laboureur on n'exig' plus la dîme :
C'est un grand pas de fait assurément.
Mais pour l' budget, véritable vampire,
L' gouvernement dans sa paternité
Me fait payer jusqu'à l'air que j' respire,
C' n'est pas ainsi qu' j'entends la liberté !

D' quatre-vingt-neuf j'entends dire sans cesse
Qu' les résultats sont heureux et complets,
Et l' peupl' français est au combl' de l'ivresse
Parc' qu'il n'a plus de lettres de cachets.
Mais à défaut d' Bastille et d'oubliettes,
Saint' Pélagie outrag' l'humanité,
Nous sommes toujours forcés d' payer nos dettes,
C' n'est pas ainsi qu' j'entends la liberté !

Nous contractons dès l' jour d' notre naissance
L' triste engag'ment d'quitter ce mond' ; pour ma part,
J' voudrais qu' la Parqu' m' laissât par complaisance
Choisir le jour et l'instant d' mon départ ;
Mais par malheur la cruelle est capable
De me lancer d'main dans l'éternité
Sans m' demander si ça m'est agréable,
C' n'est pas ainsi qu' j'entends la liberté !

# LE GARDE NATIONAL

Air : *A ma Margot, du bas en haut.*

Que chacun y mette du sien
Et le service ira très-bien. } *bis.*

Mon zèle en tout temps se signale
Pour la garde nationale,
Je suis en horreur dans les rangs
Aux citoyens récalcitrants,
Je dis, sans prendre de mitaines,
    Même aux capitaines :
Que chacun y mette du sien
Et le service ira très-bien. } *bis.*

Cette coupable indifférence
Peut être nuisible à la France,
Nous lui devons des soins constants;
Pour ma part, quand j'en ai le temps,
Jamais, jamais je ne regarde
    A monter ma garde.
Que chacun y mette du sien
Et le service ira très-bien. } *bis.*

La loi nous prescrit l'uniforme :
Riches, il faut qu'on s'y conforme,
Habillez-vous, car c'est urgent;
Moi qui n'ai jamais trop d'argent,
Je crains de ne pouvoir le faire...
    Mais c'est mon affaire.
Que chacun y mette du sien
Et le service ira très-bien. } *bis.*

Quand l'émeute courait la rue,
France, je t'aurais secourue
Sans les larmes de ma moitié
Célibataires, par pitié,
En pareil cas avec courage
    Affrontez l'orage.
Que chacun y mette du sien ⎫ *bis.*
Et le service ira très-bien. ⎭

Lorsqu'un billet de garde arrive,
A cet ordre il faut qu'on souscrive,
Et si je m'en suis exempté,
C'est que l'état de ma santé
Exigeait alors que je fisse
    Ce grand sacrifice.
Que chacun y mette du sien ⎫ *bis.*
Et le service ira très-bien. ⎭

La patrouille est insupportable :
Sur ce point je suis intraitable,
Et j'irais tout droit en prison
Sans un ami plein de raison
Qui veut bien, malgré vent et glace,
    La faire à ma place.
Que chacun y mette du sien ⎫ *bis.*
Et le service ira très-bien. ⎭

Le soir je m'absente du poste
Et quand on s'en plaint je riposte :
L'insomnie à ma santé nuit ;
Vous qui pouvez veiller la nuit
Prenez le mal en patience,
    Car en conscience :
Que chacun y mette du sien ⎫ *bis.*
Et le service ira très-bien. ⎭

J'aurai la croix, je le présume,
Mais dans l'ardeur qui me consume,
Que je sois ou non décoré,
Croyez que je continuerai
A montrer de l'exactitude
    Comme d'habitude.
Que chacun y mette du sien } *bis.*
Et le service ira très-bien. }

---

# SI J'ÉTAIS LE GOUVERNEMENT

### Air : *de Calpigi.*

Je ne suis pas un anarchiste,
Un jacobin, un terroriste,
Je veux la paix et l'union,
Et pourtant dans l'occasion
Je fais de l'opposition.
Ce n'est pas une gasconnade,
Il faut bien qu'on se persuade
Que ça marcherait autrement
Si j'étais le gouvernement !

Dans ce siècle peu débonnaire
Je saurais être populaire
Tout autant que Trajan, César,
Alexandre le Grand, le czar,
Titus, Bonaparte, ou Musar.
Sur ces messieurs j'aurais la pomme,
Et vous allez ici voir comme
On aurait bien plus d'agrément
Si j'étais le gouvernement !

Dès mon début j'ai l'espérance
De séduire toute la France,
De plaire aux gens de tous les rangs
En faisant les trottoirs plus grands
Et les budgets moins dévorants.
Plus de patrouilles ni de veilles,
Les bourgeois sur leurs deux oreilles
Dormiraient bien tranquillement
Si j'étais le gouvernement!

Le premier de janvier approche :
A qui n'a pas un cœur de roche
Ce jour coûte bien des écus,
Et c'est un monstrueux abus,
Comme on en voit tant, au surplus;
De l'Etat je n'ai pas les rênes,
Mais j'abolirais les étrennes,
L'an prochain infailliblement,
Si j'étais le gouvernement!

Je vois des gens à toutes faces
Qui dans l'intérêt de leurs places
Et par pure formalité
Font un vœu de fidélité,
Qui cède à la nécessité.
A vous parler avec franchise,
D'après l'expérience acquise
Je ne tiendrais pas au serment
Si j'étais le gouvernement !

Vous qui chantez encore en France,
Par goût et par reconnaissance
Je vous ferais un bon accueil,
Et souscrirais avec orgueil

Tous les ans à votre recueil,
Au nez des gens atrabilaires
J'en prendrais vingt mille exemplaires
A titre d'encouragement
Si j'étais le gouvernement!

Il se peut qu'après ces réformes
Je fasse des fautes énormes
Et que le peuple exaspéré
Ne me trouve plus à son gré;
Dans cet état désespéré,
A tous les citoyens de France
Je tirerais ma révérence,
Et j'abdiquerais promptement
Si j'étais le gouvernement!

Il me faut ce soir à tout risque
Un succès comme l'Obélisque;
Mais me direz-vous : « Ta chanson
« Est détestable, mon garçon,
« Nous te le disons sans façon.
Cet arrêt ne saurait me plaire,
Et je sens que, dans ma colère,
Je vous mettrais en jugement
Si j'étais le gouvernement!

## LA MANIÈRE DE S'EN SERVIR

Air : *de Mazaniello.*
ou *Les anguilles, les jeunes filles.*

Bien des gens ont peine à comprendre
Que le travail est un devoir,

Et dès lors ils cessent d'apprendre,
Certains qu'ils sont de tout savoir :
Il est bien des choses encore
Dont jamais je n'ai pu jouir,
Et pourquoi ? parce que j'ignore
La manière de s'en servir !

Pour préserver l'homme et la femme
De la froidure et de la faim,
Dieu créa le bois qui s'enflamme
Et le blé qui donne le pain ;
Mais les bienfaits que sa main sème
A l'homme un jour pouvaient faillir
S'il n'avait trouvé de lui-même
La manière de s'en servir !

Il est des choses qu'il faut taire
En politique, c'est pourquoi
Le télégraphe est un mystère
Pour vous tous, ainsi que pour moi ;
C'est une invention fort bonne
Qui peut aisément enrichir
Ceux qui savent mieux que personne
La manière de s'en servir !

Naguère un maître bâtonniste
Me disait qu'avec son bâton,
Des voleurs qui suivraient sa piste
Il saurait rabattre le ton ;
Un bâton mieux qu'une cravache
A coup sûr peut nous garantir,
Mais encor faut-il que l'on sache
La manière de s'en servir !

Malgré les factions pénibles
Qu'on nous fait monter fréquemment,
Du fusil, citadins paisibles,
Nous ignorons le maniement ;
Mais qu'Anglais, Prussien, Moscovite,
Cherche un jour à nous asservir,
Chacun de nous saura bien vite
La manière de s'en servir !

L'oiseau sait que si la nature
Lui donne un bec, c'est pour manger,
Des yeux pour chercher sa pâture,
Et des ailes pour voltiger !
L'enfant s'attache avec délice
Au sein d'où le lait va jaillir,
Sans demander à sa nourrice
La manière de s'en servir !

Peu jaloux de porter perruque,
On voit plus d'un vieux damoiseau
Soir et matin frotter leur nuque
De graisse d'ours ou de chameau ;
Cette pommade sans pareille
N'a jamais pu leur réussir,
Bien qu'ils possèdent à merveille
La manière de s'en servir !

Si cette œuvre plus que légère
Vous fit sourire, acceptez-la,
Le plus bel homme de la terre
Ne peut donner que ce qu'il a.
D'Apollon que n'ai-je la lyre !
Je serais sûr de vous ravir,
Pourvu qu'il voulût bien me dire
La manière de s'en servir !

## SI VOUS CROYEZ QUE ÇA M'AMUSE

AIR : *de la Famille de l'Apothicaire.*

Je suis de fort mauvaise humeur,
Permettez-moi de vous le dire,
Aussi je n'aurai pas l'honneur
D'exciter la joie et le rire :
Je voudrais m'expliquer gaîment
Mon esprit ce soir s'y refuse,
Vous vous trompez étrangement
Si vous croyez que ça m'amuse !

Près de vous heureux de m'asseoir,
A me rendre gai je m'applique,
Et c'est dans ce but qu'hier soir
Je fus à l'Ambigu-Comique :
Là je vis la faim décimant
Les naufragés de la Méduse ;
Vous vous trompez étrangement
Si vous croyez que ça m'amuse !

L'embonpoint prouvant la santé,
Je n'ai pas l'âme chagrinée
Lorsque sur ma rotondité
On me plaisante à la journée :
J'en prends mon parti bravement ;
Mais cependant faites excuse,
Vous vous trompez étrangement
Si vous croyez que ça m'amuse !

A Paris quand les émeutiers
Commettent des faits condamnables,
Je suis toujours un des premiers
A marcher contre les coupables ;
De manquer de zèle un moment
Quoique jamais on ne m'accuse,
Vous vous trompez étrangement
Si vous croyez que ça m'amuse !

Dissipateurs, imitez-moi :
Simple comme la violette,
Ma dépense, ici j'en fais foi,
N'excéda jamais ma recette ;
Je suis sage et vis sobrement,
Mais il ne faut pas qu'on s'abuse,
Vous vous trompez étrangement
Si vous croyez que ça m'amuse !

Je ne devrais jamais songer
A faire une chanson nouvelle :
J'en perds le boire et le manger,
Le jeu n'en vaut pas la chandelle ;
Je vous ennuie assurément,
Et moi, n'en déplaise à ma muse,
Vous vous trompez étrangement
Si vous croyez que ça m'amuse !

## MONSIEUR SANS GÊNE

Air : *de la Somnambule,*
ou : *Dis-moi, mon cher Hyppolyte.*

Lorsque la France dégénère
Et perd sa gaîté de pinson,

Qu'ils soient ou non armés d'un verre,
Avec les amis d' la chanson
Je suis toujours à l'unisson ;
Sans charmer comm' cell' d'un' Syrène
Ma voix jamais ne se lassa,
Et s'il s'en trouve qu'elle gêne
J' n'en suis pas plus gêné pour ça. } *bis.*

Quand on veut faire des emplettes
Et qu'on n'a pas d'argent comptant,
On fait bien d' contracter des dettes,
Puisqu'on nous dit à chaque instant
Qu'on s'enrichit en les payant :
Encore une de ces antiennes
Avec lesquelles on nous berça !
Moi j'ai toujours payé les miennes
Et j'n'en suis pas plus rich' pour ça. } *bis.*

Que d' gens à qui le mot noblesse
Crispera les nerfs délicats,
Qui n'ayant rien que leur rudesse,
Devant les grands, les potentats
Ne mettront jamais chapeau bas !
La vanité de ces bélîtres
Vient du rang où l'sort les plaça :
Comme eux j' n'ai ni blason ni titres
Mais j' n'en suis pas plus fier pour ça. } *bis.*

Hippocrate, dont la science
Jeta des reflets éclatants,
Dit, sans condamner l'abstinence,
Que des excès de temps en temps
Rendent les hommes mieux portants;

Assez souvent je prends pour guide
Ce grand docteur qu'on encensa ;
Mais quand j' fais un dîner solide } bis.
J' n'en suis pas plus solid' pour ça ! }

Précurseurs des temps anarchiques
On prétend que l'on ne sablait
Dans les banquets patriotiques
Que d'un vin au goût aigrelet
Et de la couleur du bluet ;
De ces quolibets que je brave
Mon cœur jamais ne s'offensa,
Car j'ai du p'tit bleu dans ma cave } bis.
Et j' n'en suis pas plus roug' pour ça ! }

Pour ceux qu'épargna la mitraille,
Du temps du premier empereur,
On fit frapper une médaille
Qui témoigne de la valeur
Qu'ils déployaient au champ d'honneur ;
J' n'ai pas ce glorieux symbole
Que sur leur poitrine on plaça,
Mais, et c'est là ce qui m' console } bis.
Je n'en suis pas plus vieux pour ça ! }

Vous me direz : « Mon cher Eugène
« Tu n'es c'pendant plus un morveux ! »
C'est vrai, le temps qui me malmène
S'est jeté comme un furieux
Sur mes traits et sur mes cheveux ;
Sans y mettre aucune mesure
Son pouvoir sur moi s'exerça,
Mais, et c'est là ce qui m' rassure, } bis.
J' n'en suis pas plus maigre pour ça ! }

9.

Grâce à toutes les babioles
Que je chante hiver comme été,
Je passe pour des plus frivoles
Et pour avoir toujours été
D'une extrême légèreté :
C'est une erreur des plus grossières,
Car Pégase toujours pensa
Que si mes œuvres sont légères      ⎫
J' n'en suis pas plus léger pour ça ! ⎬ *bis.*
                                  ⎭

## SANS GARANTIE DU GOUVERNEMENT

Air : *J'arrive à pied de la province.*

Quelque hauteur qu'elle atteigne,
    Grâce aux yeux que j'ai,
Je lirai sur cette enseigne
    B. S. G. D. G.,
Abrégé qui signifie,
    Littéralement,
Breveté sans garantie
    Du gouvernement !

Nos soldats qui font merveille
    Ont un sou par jour
Pour se façonner l'oreille
    Au bruit du tambour,
Et s'ils exposent leur vie,
    Naturellement,
C'est toujours sans garantie
    Du gouvernement !

Quand nous n'avons pas d'orage,
  Oracle imprudent,
Le *Moniteur* nous présage
  Un vin abondant :
Mais bien qu'il le certifie
  Officiellement,
C'est toujours sans garantie
  Du gouvernement!

Embellir Paris quand même,
  Certes, c'est fort bien,
Mais avec un tel système
  On n'est sûr de rien;
Qu'on loue ou qu'on édifie
  Quelque bâtiment,
C'est toujours sans garantie
  Du gouvernement.

Il suffit d'un cocher ivre
  Pour nous démolir,
Et lorsque l'on tient à vivre
  Ça fait réfléchir;
Qu'il verse ou qu'il estropie
  Avec sa jument,
C'est toujours sans garantie
  Du gouvernement.

A la vaccine gratuite
  Tels auront recours,
Qui très-grêlés par la suite
  Se plaindront toujours;
On vaccine à la mairie,
  Mais finalement,
C'est toujours sans garantie
  Du gouvernement.

Lorsqu'une boule de neige
   Roule en grossissant,
La rente, Dieu la protége !
   S'en va décroissant ;
Et bien qu'on l'ait convertie
   Encor récemment,
C'est toujours sans garantie
   Du gouvernement.

Qu'un feu s'étende et menace
   Le gai Casino,
Soldats et pompiers en masse
   Le noieront dans l'eau ;
Quant aux cœurs qu'on incendie
   Dans ce bal charmant,
C'est toujours sans garantie
   Du gouvernement.

Il n'est pas de mariage
   Sans l'autorité :
C'est elle qui nous engage,
   L'écharpe au côté !
Mais comme il faut dans la vie
   Agir prudemment,
C'est toujours sans garantie
   Du gouvernement !

L'Etat qui, je le suppose,
   A bien des tracas,
De mes chansons, et pour cause,
   Ferait peu de cas ;
Aussi quand je les publie,
   J'en fais le serment,
C'est toujours sans garantie
   Du gouvernement.

## LES COULEURS

Air : *de Pilati*.

Le blanc est la couleur des anges,
Le noir est celle des docteurs,
Le jaune est celle des oranges
Et des plus ravissantes fleurs ;
Mais déjà de moi l'on se glose
Et l'on semble dire : Halte-là !
Tâche de trouver autre chose
Nous connaissons ces couleurs-là !

Du drapeau que la France arbore
J'ai toujours aimé la couleur ;
Qu'il soit blanc, qu'il soit tricolore,
Qu'importe ? lorsqu'il est vainqueur.
Vous tous, qui dûtes le maudire
Quand chez vous il se signala,
Avec raison vous pouvez dire :
Nous connaissons ces couleurs-là !

Pour rester maîtres de vos places,
Citoyens au cœur timoré,
Vous avez sans cesse deux faces,
Comme le Janus de Chompré.
Caméléons, votre inconstance
Jamais ne se dissimula ;
Bien que vous changiez de nuance,
Nous connaissons ces couleurs-là !

Eglé qui veut, malgré son âge,
Fixer les amours inconstants,
Cherche, en composant son visage,
A perpétuer son printemps ;
A sa fraîcheur le temps s'oppose,
Un beau jour elle s'en alla ;
Le carmin remplace la rose,
Nous connaissons ces couleurs-là !

Grâce à l'indiscret cosmétique,
Messieurs, nous savons tous comment
Vos cheveux, d'un gris magnifique,
Sont aujourd'hui tout autrement ;
Bien qu'avec art le noir d'ébène
Ait remplacé le Chinchilla,
Ne vous donnez pas tant de peine,
Nous connaissons ces couleurs-là !

Un commis, dans une boutique,
En me les montrant, me soutint
Que pour un prix assez modique
J'aurais des mouchoirs très-bon teint,
Bon teint, dis-je, quelle bamboche !
Ne me soutenez pas cela,
Car j'ai les pareils dans ma poche,
Nous connaissons ces couleurs-là !

Certain buveur à tort se flatte
Que, les froids une fois finis,
Son nez, rival de l'écarlate,
Redeviendra blanc comme un lys ;
Les rougeurs qu'on y voit paraître
Viennent du vin qu'il avala,
Et son nez est ce qu'il doit être,
Nous connaissons ces couleurs-là !

Hier, armé d'une palette,
J'ai broyé couleurs sur couleurs,
Et, rapin de la chansonnette,
J'ai fait ces portraits peu flatteurs;
Des farceurs comme il en existe,
L'œil sur l'esquisse que voilà,
Diront que je suis coloriste,
Nous connaissons ces couleurs-là !

## UN VIEUX REFRAIN

Air : *Eh qué' qu' ça m' fait à moi?*

Un vieux refrain que mon père,
A retiré de l'oubli
Me vient en aide aujourd'hui,
Et je n'en fais pas mystère :
   Eh ! qué' qu' ça m' fait à moi?
C'est celui que je préfère;
   Eh qué' qu' ça m' fait à moi,
Quand je chante et quand je boi?

Lorsque ma muse badine
S'escrime dès le matin,
J'entends dire à mon voisin
Que ma gaîté l'assassine;
   Eh ! qué' qu' ça m' fait à moi?
Si j'amuse ma voisine?
   Eh ! qué' qu' ça m' fait à moi
Quand je chante et quand je boi?

Sur les trottoirs où je file,
Je n'ai pas les sens tournés
Quand je me vois nez à nez
Avec un sergent de ville.
   Eh! qué' qu' ça m' fait à moi?
Ma conscience est tranquille ;
   Eh! qué' qu' ça m' fait à moi,
Quand je chante et quand je boi?

Qu'avec trop de violence
L'aquilon vienne à gronder,
On craint de voir succéder
La disette à l'abondance.
   Eh? qué' qu' ça m' fait à moi?
Dieu protégera la France ;
   Eh! qué' qu' ça m' fait à moi,
Quand je chante et quand je boi?

Que pour quelque sinécure
Un aristarque vénal
Trafique de son journal,
Se salisse et se parjure.
   Eh! qué' qu' ça m' fait à moi,
Si mon âme reste pure?
   Eh! qué' qu' ça m' fait à moi,
Quand je chante et quand je boi?

Dans les dîners où j'assiste
Je m'embarrasse fort peu
Q'un tel soit juste milieu,
Tel autre légitimiste.
   Eh! qué' qu' ça m' fait à moi,
Pourvu qu'on ne soit pas triste?
   Eh! qué' qu' ça m' fait à moi,
Quand je chante et quand je boi?

Que pour aider la couronne
La chambre juge prudent
De prendre pour président
Telle ou telle autre personne :
 Eh ! qué' qu' ça m' fait à moi
Mon président c'est Calonne [1],
 Eh ! qué' qu' ça m' fait à moi,
Quand je chante et quand je bois ?

Avant peu sur mon visage
Quelques rides paraîtront,
Puis mes cheveux tomberont.
Voyez donc le beau dommage !
 Eh ! qué' qu' ça m' fait à moi ?
La gaîté n'a jamais d'âge ;
 Eh ! qué' qu' ça m' fait à moi,
Quand je chante et quand je bois ?

Que l'esprit qu'ici j'apporte
Ne soit pas de votre goût,
Et que vous disiez partout
Que ma chanson n'est pas forte :
 Eh ! qué' qu' ça m' fait à moi ?
Pour ce qu'elle me rapporte ;
 Eh ! qué' qu' ça m' fait à moi
Quand je chante et quand je bois ?

## PLUS HEUREUX QU'UN ROI.

Air : *Quand les bœufs vont deux à deux.*

Dans mon humble réduit,
Chantant le jour, dormant la nuit,

[1] Alors président du Caveau.

Je suis plus heureux cent fois
Que le plus heureux des rois.

Le régent de la couronne,
Que tant d'éclat environne,
Vaut-il ce qu'il a coûté ?
Ce n'est qu'un morceau de verre,
Hochet qu'à l'homme sur terre
Un Dieu puissant a jeté !
    Dans mon, etc.

La gaîté que l'on m'envie,
Ce premier bien de la vie,
N'habite pas les palais ;
Il s'y ferait interdire
Celui qu'on y verrait rire
Ou fredonner des couplets.
    Dans mon, etc.

Il voit la caricature
S'emparer de sa figure,
C'est assez l'usage ici ;
Je ne suis pas un Narcisse,
Mais je ne veux pas qu'on puisse
Me défigurer ainsi.
    Dans mon, etc.

Un César, un Alexandre
Ne pourront avoir pour gendre
Celui qui leur conviendra ;
Je me dois à ma famille
Et ne marierai ma fille
Qu'à l'homme qu'elle aimera.
    Dans mon, etc.

Quand l'autorité chancelle,
A la chambre l'on querelle
Les ministres et le roi ;
Avec plaisir je signale
Que l'entente cordiale
Existe toujours chez moi.
    Dans mon, etc.

Est-il dehors ? sur la route
Avec raison il redoute
La colère des partis ;
Sans les chevaux et les tuiles,
Je serais des plus tranquilles
Quand je quitte mon logis.
    Dans mon, etc.

L'étiquette impitoyable
Fait oublier qu'à sa table
On mange des mets divins ;
On finit comme on débute
Sans permettre qu'on discute
Sur les qualités des vins.
    Dans mon, etc.

Il peut, c'est incontestable,
Laisser la vie au coupable
Qu'au supplice il voit traîner ;
Outre que j'ai l'âme bonne,
N'ayant à punir personne,
Je n'ai pas à pardonner.
    Dans mon, etc.

Enfin, n'eût-il que la goutte,
Pour le pays on redoute

Quelque événement fatal ;
Que je me casse une jambe,
La France toujours ingambe
N'en marchera pas plus mal !
　　Dans mon, etc.

Je m'en tiens à ma bouteille,
Elle et sa liqueur vermeille
Valent une royauté ;
Chercher le bonheur sur terre
Ailleurs qu'au fond de son verre,
C'est bien pure vanité !
　　Dans mon humble réduit,
Chantant le jour, dormant la nuit,
Je suis plus heureux cent fois
Que le plus heureux des rois.

## LE NEC PLUS ULTRA.

Air : *Ma marmotte a mal au pied.*

En convive reconnaissant
　　Je ne saurais me taire
Sur ce diner appétissant,
　　Chef d'œuvre culinaire ;
Son auteur, foi d'épicurien,
　　Peut être fort tranquille :
Il se peut qu'on fasse aussi bien,
　　Mais mieux, c'est difficile !

Enfant, j'étais fort gracieux :
  J'avais la face ronde,
Un teint, un nez, des mains, des yeux
  Qui charmaient tout le monde.
Le joli petit paroissien!
  Disait-on dans la ville,
Il se peut qu'on fasse aussi bien,
  Mais mieux, c'est difficile!

Des hommes jaloux d'innover,
  Sans qu'on s'en formalise,
Prennent plaisir à cultiver
  Le champ de la sottise;
Les gaillards ne négligent rien
  Pour le rendre fertile :
Il se peut qu'on fasse aussi bien,
  Mais mieux, c'est difficile!

Bien qu'ils reviennent triomphants,
  Brutus, que rien n'arrête,
Devant lui de ses deux enfants
  Fait abattre la tête.
Pour prouver aux soldats combien
  Obéir est utile,
Il se peut qu'on fasse aussi bien,
  Mais mieux, c'est difficile !

A la pluie ainsi qu'au soleil,
  Trésors de la nature,
La grappe doit son jus vermeil,
  La rose sa parure;
Employer quelque autre moyen,
  Ce serait inutile,
Il se peut qu'on fasse aussi bien,
  Mais mieux, c'est difficile !

L'autre soir, trouvant un filou
 Caché dans ma mansarde,
Au lieu de crier comme un fou
 Au voleur ! à la garde !
Je gratifiai ce vaurien
 D'une drôle de pile.
Il se peut qu'on fasse aussi bien,
 Mais mieux, c'est difficile !

Plus que le salpêtre et le plomb
 Redoutons le tonnerre :
Quand il tombe sur nous d'aplomb,
 Il nous met en poussière.
Pour démontrer, je le soutien,
 Combien l'homme est fragile,
Il se peut qu'on fasse aussi bien,
 Mais mieux, c'est difficile !

Si l'Académie, un beau jour,
 Décernait la couronne
Aux vers qui seraient cités pour
 N'intéresser personne,
J'enverrais ceux-ci, j'en conviens,
 Car, comme œuvre futile,
Il se peut qu'on fasse aussi bien,
 Mais mieux, c'est difficile !

---

## JE N' PEUX PAS METTRE LA MAIN D'SSUS.

Air : *Allez-vous-en, gens de la noce.*

Que d'auteurs font la triste épreuve
Qu'on ne réussit pas toujours,

Et qu'une idée à peu près neuve
Ne se trouve pas tous les jours !
Moi, j'en ai souvent à revendre ;
Mais, au travail, je n'en ai plus.
C'est juste comme l'omnibus :
Chaque fois que je veux le prendre,
Je n' peux pas mettre la main d'ssus.

Nos républicains de la veille
Devaient nous montrer au pouvoir
Une véritable merveille
Par sa sagesse et son savoir.
Chaque jour que le ciel amène,
Je cherche chez nos parvenus
Cet homme si riche en vertus ;
Mais, comme autrefois Diogène,
Je n' peux pas mettre la main d'ssus.

Comme Oreste, j'ai mon Pylade,
Mais il commence à me lasser,
Il devient boudeur et maussade,
Et je veux m'en débarrasser.
J'y parviendrai, je le suppose,
En lui prêtant quelques écus ;
Car je connais l'ami Camus :
Dès qu'il me doit la moindre chose,
Je n' peux pas mettre la main d'ssus.

A table souvent il m'arrive
De m'effacer complétement,
Et de servir chaque convive
Avec un noble empressement :
Obligeance d'autant plus grande

Que, tous les invités pourvus,
Il en résulte cet abus,
Que pour peu qu'un plat m'affriande,
Je n' peux pas mettre la main d'ssus.

Mais au dessert, je le confesse,
Je suis un buveur inhumain ;
Aussi les vins que l'on m'adresse
Ne s'égarent pas en chemin.
Dans l'ivresse qui me transporte,
Pour célébrer le dieu Bacchus
Je trouve des sens inconnus ;
Mais lorsqu'il faut trouver ma porte
Je n' peux pas mettre la main d'ssus.

Quand je sommeille au corps de garde,
Je suis réveillé tout à coup
Par une bête qui me larde
Et met ma patience à bout.
Je me donne une peine énorme
Pour m'emparer de cet intrus,
Insecte des plus exigus ;
Mais gêné par mon uniforme,
Je n' peux pas mettre la main d'ssus.

Un voleur est venu me prendre
Fraîcheur, jeunesse et cœtera :
A celui qui peut me les rendre
J'offre tout l'argent qu'il voudra ;
Mais c'est là ce qui me défrise,
Je crois ces trésors bien perdus :
Car malgré mes soins assidus
Et la récompense promise,
Je n' peux pas mettre la main d'ssus.

J'avais fait, pour la circonstance,
Quelque chose de beaucoup mieux
Que ces couplets sans importance
Et rien moins que facétieux :
C'était une chanson parfaite
Dont chaque trait, des mieux conçus,
Vout eût divertis tant et plus ;
Mais depuis huit jours qu'elle est faite,
Je n'peux pas mettre la main d'ssus.

## LES BONS MOYENS.

Air : *Mon père était pot.*

Le cerveau le moins délicat
 Peut tromper sa nature,
Car l'esprit, comme un sot ingrat,
 A besoin de culture :
  Fouillez ce terrain,
  Semez-y du grain
 Toujours à forte dose,
  Et puis, vous verrez
  Que vous finirez
 Par faire quelque chose !

Le scepticisme est une erreur
 Dont il faut se défaire ;
Si vous doutez du Créateur
 Et de ce qu'il peut faire,
  Contemplez les cieux,
  Les biens précieux
 Que la nature expose,
  Et puis, vous verrez
  Que vous finirez
 Par croire à quelque chose !

La loterie est de nos jours
    Un jeu fort à la mode ;
Pour ne pas y perdre toujours,
    Suivez cette méthode :
        Prenez sans regrets
        Beaucoup de billets
    Quand on vous en propose,
        Et puis, vous verrez
        Que vous finirez
    Par gagner quelque chose !

Cerveaux étroits, esprits bornés,
    Tout en vous faisant naître
Vous que le ciel a condamnés
    A ne jamais rien être :
        Qu'à l'autorité
        Certain député
    Signale votre prose,
        Et puis, vous verrez
        Que vous finirez
    Par être quelque chose !

Voudriez-vous vous renseigner
    Sur certaine personne ?
Il n'est pas besoin de gagner
    Son portier ni sa bonne :
        Chez votre épicier
        Où chez le fruitier
    Allez faire une pause,
        Et puis, vous verrez
        Que vous finirez
    Par savoir quelque chose !

Désirez-vous un plat fort beau
De goujons ou d'anguilles?
Installez-vous au bord de l'eau
Dès que le jour pointille ;
Jetez l'hameçon
Au petit poisson
Jusques à la nuit close,
Et puis, vous verrez
Que vous finirez
Par pêcher quelque chose !

Si l'excès de votre santé
Un jour vous inquiète,
Recourez à la faculté
Au moindre mal de tête ;
Prenez strictement
Le médicament
Que le docteur impose,
Et puis, vous verrez
Que vous finirez
Par avoir quelque chose !

Vous qui n'avez jamais chanté,
Grâce à votre humeur noire,
Ouvrez vos bras à la gaîté
Si vous voulez m'en croire :
Sans vous amender
Laissez-vous guider
Par l'entrain qu'elle cause,
Et puis, vous verrez
Que vous finirez
Par chanter quelque chose !

## LE CALEÇON

(MOT DONNÉ)

Air : *de Mazaniello ;* ou : *Les anguilles, les jeunes filles.*

Puisqu'en succursale du Temple
Le Caveau s'érige aujourd'hui,
Je viens, entraîné par l'exemple,
Lui prêter mon fidèle appui ;
Bien que son projet soit baroque,
Je dois me mettre à l'unisson,
Et, pour compléter sa défroque,
Lui fabriquer un caleçon.

Avant le règne de la mode
Et de leur commun agrément,
Les mortels trouvèrent commode
De n'avoir aucun vêtement,
Mais bientôt la pudeur s'indigne
Et donne au monde une leçon
En prenant la feuille de vigne
Pour lui servir de caleçon.

Quand la chaleur était trop grande,
Naguère, leur bureau fini,
Des amateurs allaient en bande
A l'école de Deligny ;
Là, plus d'un nageur émérite

Se montrait l'égal du poisson,
Et l'on jugeait de son mérite
A la couleur du caleçon.

Voyez ce boulanger qui passe :
Qu'un zéphir au souffle indiscret
Chasse la toile qui l'enlace,
Dieu sait ce qu'il nous montrerait ;
Quand on n'est pas chez des sauvages,
Fût-on bâti comme un Samson,
On doit cacher ses avantages
Dans les plis de son caleçon.

Sans cet objet quand je chemine,
J'ai certain endroit éclopé,
Et cet endroit on le devine,
C'est la lettre qui suit le P.
Aussi, franchement je l'avoue,
Je ne crains pas cette cuisson
Tant que j'ai l'une et l'autre joue
Au milieu de mon caleçon.

Outre les services notables
Qu'il peut rendre journellement,
Il est des plus indispensables
Quand la bile est en mouvement ;
Car si la colique qui couve
Nous joue un tour de sa façon,
Le pantalon du moins se trouve
Protégé par le caleçon.

Sur un mot aussi ridicule
J'ai pu composer tout cela,
Et certes les travaux d'Hercule

Ne sont rien près de celui-là
Le sort qui contre moi complote
Lorsqu'il s'agit d'une chanson
M'a traité comme un sans-culotte
En me donnant ce caleçon.

# PERSÉVÉRANCE

### CHANSON DE TABLE.

Air : *des Puritains.*

Avec persévérance
Luttons contre la tempérance ;
Chassons les noirs chagrins
Au bruit de nos joyeux refrains.

La crainte des excès
Doit être combattue,
La tempérance tue
Les citoyens français ;
Sans le moindre remords
J'enverrais à Bicêtre
L'homme assez fort pour être
Le bourreau de son corps.
  Avec persévérance, etc...

Je n'ai jamais compris
Qu'on vécût d'abstinence
Et que la continence
Charmât certains esprits ;

Indubitablement
Les sages de la Grèce
Ne durent leur sagesse
Qu'à leur tempérament.
  Avec persévérance, etc.

On dit, et sans horreur
Je ne puis le redire,
Qu'à lui l'Anglais attire
Notre vin le meilleur;
Si dans tous nos repas
On sablait le champagne,
A la Grande-Bretagne
Il n'en resterait pas.
  Avec persévérance, etc.

Tel qui s'abreuve d'eau
Par pure hypocrisie
Verra l'hydropisie
Lui creuser son tombeau;
Tout homme doit savoir
S'enivrer comme un chantre,
Car, grâce au ciel, un ventre
N'est pas un réservoir.
  Avec persévérance, etc.

Lamartine, Balzac,
Hugo, ce grand poëte,
Peuvent monter la tête
Mais jamais l'estomac ;
Pour nous remettre en train
Quand la faim déménage,
Relisons une page
De Brillat-Savarin.
  Avec persévérance, etc.

L'ouvrier est cruel
Lorsque sa soif expire,
C'est alors qu'il conspire
Et devient criminel ;
Dans les libations
S'il pouvait se complaire,
Songerait-il à faire
Des révolutions ?
  Avec persévérance, etc.

Amis, n'oublions pas,
Nous tous qui savons vivre,
Lorsque passe un homme ivre,
De mettre chapeau bas.
A tant d'êtres peureux
Quand le vin porte ombrage,
Honorons le courage
Des buveurs malheureux.
  Avec persévérance, etc.

Les bastions, les forts
N'ont pu nous satisfaire,
Et nous préférons faire
Des remparts de nos corps ;
Mais pour justifier
Ces mesures extrêmes,
Commençons donc nous-mêmes
Par nous fortifier.

  Avec persévérance
Luttons contre la tempérance ;
  Chassons les noirs chagrins
Au bruit de nos joyeux refrains.

## ON TROUVE TOUJOURS SON MAITRE

Air : *C'est la faute de Voltaire.*

Je me rappelle, moutard,
Avoir vu dans une fable
Certain lion vaincu par
Un moucheron implacable.
N'en déplaise aux fiers-à-bras,
J'en conclûrai qu'ici-bas,
 Quelque fort qu'on puisse être,
On trouve toujours son maître.

On sait que dans un combat,
En lui lançant une pierre,
David au géant Goliath
A fait mordre la poussière ;
Un autre enfant, Cupidon,
Soumit Hercule et Samson :
 Quelque fort qu'on puisse être,
On trouve toujours son maître.

Dans l'omnibus, un monsieur
D'un embonpoint qui me passe
Fut forcé, vu son ampleur,
De payer deux fois sa place ;
En le mesurant des yeux,
Je me disais tout joyeux :
 Quelque fort qu'on puisse être,
On trouve toujours son maître.

Quand le flot menacera
D'envahir la ville entière,
La digue résistera
A sa fougue meurtrière ;
Le feu, cet autre fléau,
Meurt sous l'action de l'eau.

   Quelque fort qu'on puisse être,
On trouve toujours son maître.

La vapeur nuit au cheval
Par sa force irrésistible ;
Mais sans lui vouloir de mal,
Il serait encore possible
Que ce moteur si pressé
Fût quelque jour distancé.

   Quelque fort qu'on puisse être,
On trouve toujours son maître.

Les chasseurs les moins prudents,
 Bien que ça les embarrasse,
N'iront qu'armés jusqu'aux dents
Aux tigres faire la chasse,
Car sans arme, on sait cela,
Avec ces animaux-là,

   Quelque fort qu'on puisse être,
On trouve toujours son maître.

A peu près sûrs de loger
Une balle dans la tête,
Quand il s'agit d'outrager,
Messieurs, rien ne vous arrête ;
Vous saurez à vos dépens,
Qu'à ce jeu de sacripans,

   Quelque fort qu'on puisse être,
On trouve toujours son maître.

Des traiteurs vous traiteront
A des prix très-accessibles,
Mais ils vous procureront
Des digestions pénibles :
Ce qui prouve, et c'est fâcheux,
Qu'en fait de beurre, chez eux,
 Quelque fort qu'on puisse être,
On trouve toujours son maître.

Jamais, disait Gortschakoff,
Ces Français que l'on renomme
N'auront le fort Malakoff;
Il ignorait, le cher homme,
Qu'avec des efforts constants
Et de rudes combattants,
 Quelque fort qu'on puisse être,
On trouve toujours son maître.

Lui qui rit du monde entier
Et de Dieu même, le diable
A l'aspect d'un bénitier
Sent un malaise effroyable :
Ce qui prouve tout d'abord
Que, même comme esprit fort,
 Quelque fort qu'on puisse être,
On trouve toujours son maître.

Notre gaîté d'aujourd'hui
Se plaint d'être circonscrite,
Quand de son côté l'ennui
Ne souffre aucune limite ;
De là vient, et c'est heureux,
Que dans le genre ennuyeux,
 Quelque fort qu'on puisse être,
On trouve toujours son maître.

## FRAPPER FORT, MAIS FRAPPER JUSTE.

**Air :** *Ma marmotte a mal au pied.*

La chanson contre les abus
 Fulmine et se déchaîne,
Elle doit le faire au surplus
 Sans colère ni haine.
La critique aura toujours tort
 De se montrer injuste ;
Ce n'est pas tout de frapper fort,
 Faut encor frapper juste.

Au village et dans la cité
 Craignant le ridicule,
Les maîtres d'école ont quitté
 La verge et la férule.
On ne mène pas à bon port
 L'enfant qu'on tarabuste ;
Ce n'est pas tout de frapper fort,
 Faut encor frapper juste.

Scévola, citoyen romain,
 Se trompant de victime,
Sur un brasier pose sa main
 Pour expier son crime ;
Puis il s'écrie avec transport
 (Si l'on en croit Salluste) :
Ce n'est pas tout de frapper fort,
 Faut encor frapper juste.

Toute Célimène ici-bas
    Qui vise une conquête
Sait très-bien qu'il ne suffit pas
    De toucher à la tête,
Et dût-elle donner la mort,
    C'est le cœur qu'elle ajuste :
Ce n'est pas tout de frapper fort,
    Faut encor frapper juste.

Adresser des vers et des fleurs
    A certains personnages
Pour en obtenir des faveurs,
    N'est plus dans nos usages ;
En pareil cas un coffre-fort
    Séduit mieux qu'un arbuste :
Ce n'est pas tout de frapper fort,
    Faut encor frapper juste.

Chez ces pianistes nouveaux
    Auxquels on s'accoutume,
Les mains font l'effet de marteaux
    Tombant sur une enclume
Faut-il donc, pour jouer d'accord,
    Un poignet si robuste ?
Ce n'est pas tout de frapper fort,
    Faut encor frapper juste.

Un assez vigoureux valet
    Que sa pose amadoue
A Turenne donne un soufflet
    Ailleurs que sur la joue.
Comprenant son erreur : Butor
    Lui dit cet autre Auguste,
Ce n'est pas tout de frapper fort.
    Faut encor frapper juste.

Le champagne plaît au dessert
    Et rien ne le remplace,
Mais souvent celui qu'on y sert
    Est frappé jusqu'à glace.
Pour que ce vin charme d'abord
    Celui qui le déguste,
Ce n'est pas tout de frapper fort,
    Faut encor frapper juste.

Outre la Parque et ses ciseaux
    Qui n'épargnent personne,
Le Temps est armé d'une faux
    Et toujours il moissonne :
Il abat, et c'est là son tort,
    Le méchant et le juste ;
Ce n'est pas tout de frapper fort,
    Faut encor frapper juste.

# C'EST A PEU PRÈS LA MÊME CHOSE

Air : *Et voilà comme tout s'arrange.*

Pour se livrer à la chanson,
Pour que son amour vous enflamme,
Il faut la gaîté d'un pinson,
Il faut être Français dans l'âme !
Mais autrement, croyez-le bien,
Si c'est un devoir qu'on s'impose,
Travaillez comme un galérien,
Tout ce que vous ferez ou rien ,
C'est à peu près la même chose !

Chanter, cela me convient mieux,
N'en déplaise à vos publicistes,
Que de me fatiguer les yeux
Sur leurs pages plus ou moins tristes.
Dans mes loisirs si je m'abstiens
Aujourd'hui de lire leur prose,
C'est qu'en dépit d'eux je soutiens
Que ce qu'ils m'ont appris ou rien,
C'est à peu près la même chose !

Nous avons vu toutes les cours
Sous nos drapeaux courber leurs têtes !
Mais en voulant vaincre toujours,
On perd le fruit de ses conquêtes ;
Un jour Anglais, Russe, Autrichien,
Réunis pour la même cause,
Sont venus reprendre leur bien,
Et ce qu'il nous en reste ou rien,
C'est à peu près la même chose !

Lorsque vos pas sont chancelants
Et que la vieillesse est venue,
Mesdames, de vos cheveux blancs
Pourquoi nous dérober la vue ?
N'usez pas d'un pareil moyen.
L'hiver vient-il ? près de la rose
Nous avons beau mettre un soutien,
Tout ce que nous faisons ou rien,
C'est à peu près la même chose !

Au spectacle, dans les salons,
Combien de jeunes gens s'observent !
On les prendrait pour des Solons,
A la gravité qu'ils conservent.

A leur tournure, à leur maintien,
Avec raison on leur suppose
Une tête meublée ; eh bien !
Ce qu'ils ont dans la tête et rien,
C'est à peu près la même chose !

Que d'hommes sages et posés
Qu'au ministère l'on accueille,
Qui bientôt tombent écrasés
Sous le poids de leur portefeuille !
Comme le conquérant ancien,
Avec l'arme dont on dispose
On veut trancher le nœud gordien,
Et puis ce que l'on tranche et rien,
C'est à peu près la même chose !

N'en déplaise à la Faculté
Que tout homme sensé redoute,
Je ne connais que la gaîté
Qu'on puisse opposer à la goutte.
Le régime quotidien,
Les privations qu'on s'impose,
Le plus habile praticien,
Toute la pharmacie et rien,
C'est à peu près la même chose !

Au lieu de chanter, entre nous,
Je ferais bien mieux de me taire ;
Le talent, vous le savez tous,
Est rarement héréditaire ;
Je n'amasserai pas de bien
A ce métier-là, je suppose,
Car tout calcul fait, je convien
Que l'argent que je gagne et rien,
C'est à peu près la même chose !

## COMME ÇA FILE

Air : *Turlurette, ma tante Turlurette.*

Quand je suis pris par la faim,
Dans mon estomac sans fin
Les mets et vins que j'empile,
    Comme ça file, (*bis*.)
  Mon Dieu, comme ça file !

Quand nous nous barbifions,
Et que nos rasoirs sont bons,
Sur notre menton docile,
    Comme ça file, (*bis*.)
  Mon Dieu, comme ça file !

Ces hommes aux cabarets
Sont de vrais coupe-jarrets ;
Mais vienne un sergent de ville,
    Comme ça file, (*bis*.)
  Mon Dieu, comme ça file !

Quand nous quittons le latin,
De notre cerveau mutin
Les vers d'Horace et Virgile
    Comme ça file, (*bis*.)
  Mon Dieu, comme ça file !

Lorsqu'arrivent les frimas,
Vers de plus riants climats,
L'hirondelle au vol agile,
    Comme ça file, (*bis*.)
  Mon Dieu, comme ça file !

Quand valet ou sommelier
Ne connaît pas son métier,
Tout ce qu'on a de fragile,
   Comme ça file, (*bis*.)
  Mon Dieu, comme ça file !

Le macaroni bourgeois
Manque son effet parfois ;
Mais quand on le fait en ville,
   Comme ça file, (*bis*.)
  Mon Dieu, comme ça file !

Les lampes et les quinquets
Produisent de beaux effets ;
Mais pour peu qu'ils manquent d'huile,
   Comme ça file, (*bis*.)
  Mon Dieu, comme ça file !

Quand pour contenter nos goûts,
De nos écus de cent sous
Nous attaquons une pile,
   Comme ça file, (*bis*.)
  Mon Dieu, comme ça file !

Nos blonds ou nos noirs cheveux,
Du moment qu'ils sont douteux,
Sous la main qui les épile
   Comme ça file, (*bis*.)
  Mon Dieu, comme ça file !

Nos jours de deuil sont bien longs ;
Mais quand nous batifolons,
Année ou non bissextile,
   Comme ça file, (*bis*.)
  Mon Dieu, comme ça file !

## JE VOUDRAIS BIEN M'EN ALLER

Air : *Eh! ma mère, est-c' que j' sais ça?*

Lorsque je me trouve en fête
Avec de joyeux lurons,
Je m' promets d' leur tenir tête
Et d' vider plusieurs flacons ;
Le premier passe, au deuxième
J' commence à capituler,
Et lorsque vient le troisième,
Je voudrais bien m'en aller.

Au début d'une bataille,
Lorsque s'engage le feu,
Les balles et la mitraille
Intimident tant soit peu ;
Tel conscrit d'avance jure
De mourir sans reculer,
Qui dans cet instant murmure :
Je voudrais bien m'en aller!

Lorsque ma moitié s'apprête
A m' donner un fils chéri,
Je m' fais d'avance une fête
D'entendre son premier cri ;
Mais à l'heure décisive,
Mon sang semble se geler,
Et quand l'accoucheur arrive,
Je voudrais bien m'en aller !

Paul, auteur de contrebande,
Aux drames est fort enclin,
Et l'amitié me commande
De les voir jusqu'à la fin.
Ce sacrifice est immense,
Car je dois vous signaler
Que, dès qu' la pièce commence,
Je voudrais bien m'en aller.

Je me sens l'âme attendrie,
Lorsque je vois le lion,
Dans une ménagerie,
Mourir de consomption.
Quand, près de ce pauvre sire
Nous allons nous installer,
N'a-t-il pas l'air de nous dire :
Je voudrais bien m'en aller.

Qu'un' dent excite ma rage,
Au lieu d' me j'ter dans un lac,
Je prends le parti plus sage
D' courir chez l' docteur Toirac.
Le fiacre qui me transporte
Me semble ne pas rouler ;
Et quand j'arrive à sa porte,
Je voudrais bien m'en aller.

Quand il faut dans un quadrille
Que je fasse un *avant-deux*,
J' crois que la plus belle fille
Ne m' f'rait pas lever les yeux ;
Je suis muet auprès d'elle,
Et, si je pouvais parler,
J' lui dirais : Mademoiselle,
Je voudrais bien m'en aller

Les jours que le ciel nous donne
Sont comme un banquet sans fin
Qu'il faut que l'on n'abandonne
Que lorsque l'on n'a plus faim ;
Mais le Temps, qui nous maîtrise,
Nous oblige à détaler
Sans attendre qu'on lui dise :
Je voudrais bien m'en aller.

## C'EST COMME SI VOUS N'EN AVIEZ PAS

Air : *de Mazaniello.*

Aux gens dont le cœur est malade,
Je répète à satiété :
Prenez, au lieu de limonade,
Une infusion de gaîté.
Aux ennuis pour faire la guerre
Il en faut beaucoup ici-bas ;
Aussi, quand vous n'en avez guère,
C'est comm' si vous n'en aviez pas !

Pourquoi donc craindre une déroute,
Artistes, à votre début ?
C'est en poursuivant votre route
Que vous arriverez au but.
Songez que ce qui vous arrête
Devrait plutôt hâter vos pas,
Et que si vous manquez de tête,
C'est comm' si vous n'en aviez pas.

Un mari de mœurs exemplaires,
En perdant sa chère Clara,
A fait le vœu bien téméraire
De rester veuf tant qu'il vivra.
Depuis ce jour, la mort dans l'âme,
J'entends dire au pauvre Thomas,
Que quand vous n'avez qu'une femme,
C'est comm' si vous n'en aviez pas.

Il est une affreuse contrée
Où la neige tombe toujours,
Où la verdure est ignorée,
Pays des chacals et des ours.
Que je vous plains, vous dont la vie
Se passe en ces affreux climats !
Car, si c'est là votre patrie,
C'est comm' si vous n'en aviez pas.

On peut perdre un œil à la guerre
Sans être atteint de cécité,
On peut perdre un bras quand son frère
Pour vous servir vous est resté ;
Une jambe de moins, malpeste !
Vous cause un bien autre embarras,
Puisque avec celle qui vous reste
C'est comm' si vous n'en aviez pas.

Ayant su qu'un peuple barbare
Adorait des idoles d'or,
Un Espagnol nommé Pizarre
Fit main basse sur leur trésor.
Vos richesses sont chimériques
(Disait-il alors aux Incas),
Car en en faisant des reliques
C'est comm' si vous n'en aviez pas.

Vous ouvrez votre parapluie
Pour ne pas vous faire abîmer ;
Mais l'ouragan, dans sa furie,
Soudain vous force à le fermer.
De peur que le vent ne l'emporte,
Vous le mettez sous votre bras,
Sans réfléchir que de la sorte
C'est comm' si vous n'en aviez pas.

Bien que ça paraisse cocasse,
Je trouve du meilleur effet
Qu'aujourd'hui le cocher se place
Derrière son cabriolet :
Devant, il cache la lumière ;
Près de vous, c'est un embarras ;
Au lieu qu'en le mettant derrière,
C'est comm' si vous n'en aviez pas.

Un étranger, qui le désire,
Me disait prophétiquement :
En France, vous aurez l'empire ;
Il n'en saurait être autrement.
Une guerre systématique
A mis vos royautés à bas,
Et quant à votre république
C'est comm' si vous n'en aviez pas.

Que ma chanson semble insipide,
C'est très-concevable ; en effet,
On a parfois le cerveau vide,
Tout' ausi bien que le gousset.
L'esprit, comme un billet de banque
Peut vous manquer dans plus d'un cas,
Et du moment que ça vous manque
C'est comm' si vous n'en aviez pas.

## CE QU'ON NE TROUVE PAS

Air : *J'arrive à pied de la province.*

Je n' sais si j' dors ou si j' veille,
   Mais, en ce moment,
Je ne vois aucun Corneille
   Sous le firmament.
Aussi, je le certifie,
   Dans tout ce fatras,
Si vous cherchez du génie,
   Vous n'en trouv'rez pas.

Au soldat recommandable,
   Ainsi qu'au bourgeois,
On est sûr d'être agréable
   En donnant la croix :
Les farceurs qui s'en amusent
   Pleuvent ici-bas ;
Mais des gens qui la refusent,
   Vous n'en trouv'rez pas.

Qu'un chiffonnier dans un drame
   Trouve un million,
Ce fait est, je le proclame,
   Une exception :
Sa hotte jamais ne manque
   D' certains reliquats ;
Quant à des billets de banque,
   Vous n'en trouv'rez pas.

A Paris, et c'est étrange,
   En l' payant c' qu'il vaut,

Il est rare que l'on mange
   Un très-bon gigot :
Vous trouverez à revendre
   Des bouchers bien gras :
Quant à du mouton bien tendre,
   Vous n'en trouv'rez pas.

Qu'un tribunal vous condamne
   Quelquefois à tort ;
Qu'un docteur, sans être un âne,
   Cause votre mort :
N' soyez pas trop susceptibles,
   Si c'est votre cas ;
Car des hommes infaillibles,
   Vous n'en trouv'rez pas.

J'aime les sergents de ville,
   J'en conviens ici,
Et pourtant je crois utile
   D'ajouter ceci :
Tant que c' n'est pas nécessaire,
   Ils sont sur vos pas ;
Qu'il vous survienne une affaire,
   Vous n'en trouv'rez pas.

Au printemps, mille fillettes
   Aux airs agaçants
Offriront des violettes
   A tous les passants :
Mais parmi ces bouquetières,
   Je vous l' dis tout bas,
Si vous cherchez des rosières,
   Vous n'en trouv'rez pas.

Amateurs de la peinture,
    Jeunes ou vieillards,
Voulez-vous, d'après nature,
    Peindre des pochards ?
Vers les bouchons d' la barrière
    Dirigez vos pas ;
Car au bord de la rivière
    Vous n'en trouv'rez pas.

En gaspillant votre vie,
    Hommes sensuels,
Auriez-vous donc la folie
    D' vous croire immortels ?
Les gens d' cette catégorie
    Manquent ici-bas,
A c' point qu'à l'Académie,
    Vous n'en trouv'rez pas.

Il est des heures maudites,
    Soit dit sans aigreur,
Où vous n' savez c' que vous dites,
    Comm' vot' serviteur ;
Et dans ces jours de bévues,
    Notez bien ce cas,
L'esprit courût-il les rues,
    Vous n'en trouv'rez pas.

## LES IMPERFECTIONS

AIR : *Allez-vous-en, gens de la noce.*

Il ne faut pas que l'on s'étonne
Si c'est presque toujours en vain

Qu'on prie un ami de la tonne
De mettre de l'eau dans son vin ;
Lorsque l'on prend Bacchus pour guide,
La raison prompte à s'égarer,
On finit par se figurer
Que l'eau, même la plus limpide,
Laisse beaucoup à désirer.

L'homme l'emporte, par la tête,
Sur les animaux, j'en conviens ;
Mais certe il est plus d'une bête
Qui pour la beauté le vaut bien.
Tel cavalier, je vous assure,
Semblant lui-même s'ignorer,
Au bois, court se faire admirer,
Qui, moins heureux que sa monture,
Laisse beaucoup à désirer.

La vapeur est encore en butte
A mainte et mainte agression ;
Mais on ne peut, dès qu'on débute,
Atteindre à la perfection.
A résoudre un pareil problème,
L'avenir seul peut aspirer,
Et peut tout améliorer,
Jusqu'au macadam qui lui-même
Laisse beaucoup à désirer.

Au doux langage de Cythère,
Il est encor quelques cantons
Où la bergerette préfère
Le bêlement de ses moutons.
Mais à Sceaux, Bagnolet, Asnières,

Où Paris aime à folâtrer,
La vertu ne peut demeurer ;
Et le lait, comme les laitières,
Laisse beaucoup à désirer.

Pour vingt-deux sous, pas davantage,
On donne en consommation
Carafon, deux plats, un potage,
Dessert, pain à discrétion ;
Quand pour si peu l'on trouve étrange
Qu'on puisse ainsi se restaurer,
On aurait tort de murmurer
Si les fricandeaux qu'on y mange
Laissent beaucoup à désirer.

Comme progrès on nous signale
Ces lourds chariots qui, le soir,
Circulent dans la capitale
Sans faire un appel au mouchoir ;
Soit, mais l'empressement extrême
Qu'on met à se claquemurer,
Lorsqu'on les entend manœuvrer,
Semble prouver que ce système
Laisse beaucoup à désirer.

Le premier tiers de notre vie
Est fécond en amusements ;
Au second tiers, la maladie
Nous arrive avec les tourments ;
Puis vient le temps de pénitence,
Où de tout il faut se sevrer ;
Nous pouvons donc en inférer
Que les deux tiers de l'existence
Laissent beaucoup à désirer.

Quand on fait une œuvre nouvelle
Qui ne saurait intéresser,
Au lieu d'y mettre tout son zèle
Mieux vaudrait ne plus y penser;
Mais on patauge avec sa lyre,
Puis on finit par s'empêtrer,
Si bien qu'on ne peut s'en tirer,
Et que le succès qu'on désire
Laisse beaucoup à désirer.

# COMME SI ÇA NE COUTAIT RIEN

### Air : *de Fanchon.*

A c' dîner j'ai fait fête,
Puisqu'il faut, homme ou bête,
  Pour exister
  Se sustenter :
Quand la veille on dévore,
A son réveil, plus ou moins bien,
  Il faut manger encore
  Comm' si ça n' coûtait rien !

La première journée
D'une nouvelle année
  Les p'tits enfants
  Sont triomphants :
Les marchands nous rançonnent!
On n' voit, et d' leur part c'est très-bien.
  Que les baisers qui s'donnent
  Comm' si ça n' coûtait rien !

D'humeur très-casanière,
On s'imposait naguère
  La douce loi
  D' rester chez soi :
D' abolir cet usage
La vapeur trouva le moyen,
  Et maint' nant on voyage
  Comm' si ça n' coûtait rien !

Avec le peu qu'on gagne,
Vouloir une compagne,
  C'est très-fâcheux
  Pour tous les deux ;
Mais le cœur qui s'enflamme
Veut contracter un doux lien,
  Et l'on prend une femme
  Comm' si ça n' coûtait rien !

Il est vraiment utile
De n' pas s' faire de bile,
  Car au total,
  Quand ça va mal,
Des docteurs émérites
Vous envoient chez le pharmacien,
  Et vous font des visites,
  Comm' si ça n' coûtait rien !

Si le pays veut faire
Un emprunt nécessaire,
  Il obtiendra
  Tout c' qu'il voudra ;
Une admirable entente
Fait qu' chacun y mettant du sien,
  On se jett' sur la rente
  Comm' si ça n' coûtait rien !

Jean, gros capitaliste,
Depuis longtemps s'attriste
   D'être, dit-on,
   Sans rejeton,
Quand Paul, sans sou ni maille,
Avec son travail pour soutien,
  Aura de la marmaille
  Comm' si ça n' coûtait rien !

Un' baguette magique
Fait Paris magnifique ;
   Tout s'embellit
   Et rajeunit :
Sans plus d' cérémonie
Le nouveau Paris chass' l'ancien,
  Et l'on vous exproprie
  Comm' si ça n' coûtait rien !

Il faut le reconnaître,
Le plomb, l' fer, le salpêtre
   Auront toujours
   Un certain cours ;
Mais vienne une bataille,
Français, Russe, Anglais, Autrichien,
  S'enverront d' la mitraille
  Comm' si ça n' coûtait rien !

Loin d' féconder la vigne,
Le soleil, c'est indigne,
   Nous a, c't été,
   Mis de côté.
Quand l'eau manque, on bougonne ;
On bougonne aussi, j'en conviens,
  Quand l' bon Dieu nous en donne
  Comm' si ça n' coûtait rien !

Si ma chanson mérite
Qu'on l'oublie au plus vite,
 Vous le pouvez ;
 Car, vous l' savez,
Pour perdre la mémoire,
A table, le meilleur moyen,
 C'est d' se verser à boire
 Comm' si ça n' coûtait rien !

## UNE BÊTE DE CHANSON

Air : *Ce soir-là sous son ombrage.*

Comme j'étais sur ma porte,
Cherchant quelque malin trait
Dans le journal qu'on m'apporte,
Un gros canard m'apparaît.
Mon choix tout à coup s'arrête
Sur le refrain que voilà :
 Il est permis d'êtr' bête,
 Mais pas bête à c' point-là !

Quand tu quittas la coulisse,
Brunet, je dis, désolé :
Qui me rendra le Jocrisse
Qui m'a tant désopilé ?
Dans ce genre, ta conquête,
Nul acteur ne t'égala.
 Il est permis d'êtr' bête,
 Mais pas bête à c' point-là !

Parce qu' avec gentillesse
Ce chat sautille toujours,
On le laisse mettre en pièces
Et dentelles et velours.
Quelque talent qu'on lui prête,
Avec l'animal qu'on a
   Il est permis d'êtr' bête,
   Mais pas bête à c' point-là !

Qu'on dise à ce volatile :
As-tu déjeuné, Jacquot ?
Oui, oui, répond l'imbécile.
De quoi ? Du mouton, du rôt.
C'est là tout ce qu'il caquète
Depuis vingt-cinq ans qu'on l'a.
   Il est permis d'êtr' bête,
   Mais pas bête à c' point-là !

Quand le rôtisseur s'approche
D'une oie, à ce coup affreux,
Celle-ci, qui craint la broche,
Se dérobant de son mieux,
Pense qu'en cachant sa tête,
Personne ne la verra.
   Il est permis d'êtr' bête,
   Mais pas bête à c' point-là !

Quand Poitevin, vers la nue,
S'éleva sur son bidet,
Dans cette déconvenue,
Triste et sot comme un baudet,
L'animal, perdant la tête,
A son maître ainsi parla :
   Il est permis d'êtr' bête,
   Mais pas bête à c' point-là !

Voyant que Vatel se tue
A cause de son retard,
On prétend qu'une barbue
Le pleura d'un air cafard,
Mais qu'un turbot malhonnête
Près du défunt grommela :
  Il est permis d'êtr' bête,
  Mais pas bête à c' point-là !

Réponds-moi, fils de Tibère,
Par quel singulier calcul
Voulais-tu que Rome entière
Prît ton cheval pour consul ?
Souffre que je le répète,
Empereur Caligula :
  Il est permis d'êtr' bête,
  Mais pas bête à c' point-là !

Suivant la métempsycose,
Morts, nous devenons oiseaux,
Ours, tigre, bécasse, alose,
Eléphants, rats ou chameaux :
Que nul ne s'en inquiète ;
A l'homme, on sait bien cela,
  Il est permis d'êtr' bête,
  Mais pas bête à c' point-là !

Naguère, à l'abri d'un chêne
Et joyeux comme un pinson,
Je chantais à perdre haleine
Le refrain de ma chanson,
Lorsque, comme un trouble-fête,
Au loin l'écho répéta :
  Il est permis d'êtr' bête,
  Mais pas bête à c' point-là !

## LES RELIQUATS

Air : *Adieu ! je vous fuis, bois charmant.*

On dit, et c'est avec raison,
Que contre elle, quoi que l'on fasse,
La calomnie est un poison
Qui laisse toujours quelque trace.
A l'œuvre, donc, vous qui cherchiez
L'arme dont le lâche dispose :
Calomniez, calomniez,
Il en restera quelque chose !

Bien que l'étude, assurément,
Pour vous n'ait pas beaucoup de charmes,
Enfants, mettez-vous y gaîment,
Au lieu de répandre des larmes !
Ne négligez pas vos leçons
Ni les devoirs qu'on vous impose ;
Et quand vous serez grands garçons
Il en restera quelque chose !

A table, serait-on de fer,
Quand sa soif n'a jamais de terme,
On a comme le mal de mer,
Bien qu'on soit sur la terre ferme ;
Grâce au thé qu'on se versera,
La nuit il se peut qu'on repose ;
Mais quand on se réveillera,
Il en restera quelque chose !

Chez certains traiteurs bien famés
Que quelque fête nous amène :

On nous sert, pour des affamés,
Des portions qu'on voit à peine ;
Puis, on escamote soudain
Les mets que devant nous on pose,
Dans l'espoir que le lendemain
Il en restera quelque chose !

Tel homme vous outragera
Qui, sentant au fond qu'il vous aime,
Auprès de vous un jour viendra
Implorer son pardon lui-même :
Vous accorderez sans aigreur
Cet oubli que l'on vous propose ;
Mais, à votre insu, dans le cœur
Il en restera quelque chose !

Riche aujourd'hui, monsieur Bertrand
Voudrait bien sortir de sa sphère,
Mais la caque sent le hareng,
Et ça ne fait pas son affaire.
Tel dont l'emploi, sans le nommer,
N'est pas de cultiver la rose,
Il aura beau se parfumer,
Il en restera quelque chose !

Cet homme, qu'on dit un fripon
Et, que pour tel partout on cite,
N'en est pas plus blanc, j'en réponds,
Malgré le verdict qui l'acquitte.
C'est une tache qu'il reçoit,
Et, par l'avocat de sa cause
Quelque bien nettoyé qu'il soit,
Il en restera quelque chose !

Vidons la coupe des plaisirs,
Mais n'allons pas jusqu'à l'ivresse :
C'est en modérant ses désirs
Que l'on prolonge sa jeunesse ;
Et quand nous la voyons finir,
Ce qui toujours nous indispose,
Ne fût-ce que le souvenir,
Il en restera quelque chose !

Rien ne survit aux animaux :
C'est du moins la croyance admise ;
Rien que leurs os et que leurs peaux
Qu'on travaille et qu'on utilise.
L'homme est plus heureux, j'en conviens,
Car, et vous en savez la cause,
Lors même qu'il n'en reste rien
Il en restera quelque chose !

## CE QUI M'EST TOUJOURS AGRÉABLE

Air : *de l'Apothicaire.*

Quand le diable eut pris logement
Dans certain meubles de ménage,
On se procurait l'agrément
D'interroger ce personnage ;
Mais quand vient l'heure des repas
Et que je suis devant ma table,
Qu'elle parle ou ne parle pas,
Ça m'est toujours très-agréable.

Que je sois malade demain,
Des docteurs que j'aime et j'estime

Viendront la lancette à la main
Pour me retirer de l'abîme !
J'ai pour ces amis généreux
Une affection véritable ;
Mais quand je puis me passer d'eux
Ça m'est toujours très-agréable.

L'oreille est le chemin du cœur :
Aussi, soit dit sans épigramme,
Il suffit d'un propos flatteur
Pour captiver plus d'une femme ;
C'est un fait, car moi, franchement,
Qui n'ai rien de ce sexe aimable,
Quand on me fait un compliment
Ça m'est toujours très-agréable.

Garçon je riais de bon cœur
Aux exploits de nos Lovelace,
Et je disais avec candeur :
Il faut que jeunesse se passe !
Aujourd'hui ces hurluberlus
Me trouvent beaucoup moins traitable,
Et quand on peut tomber dessus
Ça m'est toujours très-agréable.

Dans les spectacles fort souvent
On voit, chose assez singulière,
De beaux messieurs sur le devant
Et des dames sur le derrière !
J'offre ma place en pareil cas
Et d'une façon tout aimable ;
Mais quand on ne l'accepte pas
Ça m'est toujours très-agréable.

Lorsque chez moi je rentre tard,
L'œil au guet, l'oreille attentive,
Je porte une canne-poignard
Ou toute autre arme défensive ;
Bien qu'elle ne doive sévir
Que contre quelque misérable,
Quand je n'ai pas à m'en servir
Ça m'est toujours très-agréable,

A ma liberté d'action
Le monde apportant quelque entrave,
Il est dans mainte occasion
Plus d'un usage que je brave !
Je fais et sans tergiverser
Ce qui me semble indispensable,
Mais quand je puis m'en dispenser
Ça m'est toujours très-agréable.

De vieillir je suis peu pressé,
Aussi, souvent on m'entend dire :
Le mois à peine est commencé
Et voilà que son règne expire !
Mais quand ma bourse est aux abois,
Dans cette crise redoutable
Lorsqu'arrive la fin du mois
Ça m'est toujours très-agréable.

Grâce à leur tour ingénieux,
N'en déplaise aux chansons nouvelles,
Certains couplets bien que fort vieux
Resteront comme des modèles !
Les miens sont loin d'être parfaits :
Aussi, j'en fais l'aveu coupable,
Lorsque j'en vois de plus mauvais
Ça m'est toujours très-agréable.

## UNE CHANSON TERRE A TERRE

Air : *de l'Artiste (ça ne blesse personne).*

Comme moi, je l' suppose,
Vous aimez voir, l'hiver,
Un frais bouton de rose
Sans son feuillage vert.
Mais cette fleur si chère,
Au retour des lilas
Je la verrais par terre
Qu' je n' la ramass'rais pas !

Un' bouteille de grave
Sut toujours m'allécher
Et j'irais à la cave
Moi-même la chercher ;
Vide, je suis sincère,
J'en fais fort peu de cas,
Et j' la verrais par terre
Qu' je n' la ramass'rais pas !

Chaque fois que j'en manque,
Franchement, j'aimerais
Trouver des billets d' banque,
Quitte à les rendre après ;
Mais un convoi derrière
S'élançant sur mes pas,
J'en verrais vingt par terre
Qu' je n' les ramass'rais pas !

Des hommes très-bizarres
Se jetteront soudain
Sur les bouts de cigares
Semés sur leur chemin :
Fum'rais j' comm' un cratère,
J' n'aim' pas ces reliquats,
Et j'en verrais par terre
Qu' je n' les ramass'rais pas!

Tel filou feint l'ivresse
Et semble reposer
Qui soudain se redresse
Pour nous dévaliser.
Aussi, loin d' la barrière,
Et près d'un échalas
J' verrais un homm' par terre
Qu' je n' le ramass'rais pas!

Quand la chaleur m'oppresse
Et chauffe ma boisson
J' donne'rais mon droit d'aînesse
Pour le moindre glacon ;
Mais près de la rivière
Par un jour de verglas
J' verrais d' la glac' par terre
Qu' je n' la ramass'rais pas!

Un crétin, une buse,
Engraisse tout exprès
Un bœuf dont on s'amuse
Et qu'on assomme après.
Chose plus singulière,
Moi qui plains les bœufs gras,
J'en verrais un par terre
Qu' je n' le ramass'rais pas!

12.

Qu'un mal de reins terrible
Nous étreigne un moment,
Il nous est impossible
De faire un mouvement !
Et ce qui m' désespère,
J' verrais en pareil cas
Un d' mes enfants par terre
Qu' je n' le ramass'rais pas !

Un villageois candide
Faillit être étouffé
Par un serpent perfide
Qu'il avait réchauffé.
Moi qui crains la vipère
Autant que les ingrats,
J'en verrais un' par terre
Qu' je n' la ramass'rais pas !

Quand je quitte la rive
Pour naviguer un peu,
Chaque fois qu' ça m'arrive
Que je souffre, ô mon Dieu !
L'existence m'est chère,
Eh bien ! en pareil cas
J' verrais mon cœur par terre
Qu' je n' le ramass'rais pas.

La s'maine et le dimanche,
Bien qu' ce soit défendu,
C' vieillard à barbe blanche
Fauche et faucheras-tu !
Il en est que j' vénère,
Mais lui, j' vous l' dis tout bas,
Il se flanqu'rait par terre
Qu' je n' le ramass'rais pas !

## LARGESSES

Air : *Adieu! je vous fuis, bois charmant.*

J'attendais d'un heureux hasard
Le refrain dont j'étais en quête,
Quand un homme près d'un bazar
Se mit à crier à tue-tête :
Messieurs et mesdames, entrez,
Entrez, l'occasion est bonne;
Car tout ce qu'ici vous verrez,
On ne le vend pas, on le donne ! } *bis.*

Il est plus facile aux troupiers
Avec leur solde assez mesquine
De se procurer des lauriers
Que du trois pour cent, j'imagine ;
Quand on voit estimer si bas
Des jours que le canon moissonne,
On peut dire qu'en pareil cas
On ne les vend pas, on les donne ! } *bis.*

Ce livre, qu'on illustrera
Pour dissimuler sa misère,
Astre brillant, disparaîtra
Après une vogue éphémère.
Dépourvu de charme et d'attraits,
Son succès d'abord nous étonne,
Et sur les quais deux mois après
On ne le vend pas, on le donne ! } *bis.*

Pour son dîner, que d'un saumon
Un amphytrion soit en quête,
S'il est très-rare, ce poisson
Coûtera les yeux de la tête !
Il faut bien subir cette loi ;
Mais s'il arrive et qu'il foisonne,
Fût-il frais comme vous et moi, ⎞
On ne le vend pas, on le donne ! ⎠ *bis.*

La nuit traversez-vous un bois
Ou longez-vous la grande route ?
Vous pourrez rencontrer parfois
De ces gaillards que l'on redoute ;
Cachez, si vous êtes prudents,
Votre montre, mauvaise ou bonne,
Car à l'homme armé jusqu'aux dents, ⎞
On ne la vend pas, on la donne ! ⎠ *bis.*

Ce millionnaire exigeant
De son gendre pauvre mais sage
Exigera beaucoup d'argent :
Pas d'argent, pas de mariage !
Quand on trouve des prétendus
Doués d'une âme honnête et bonne,
Et qu' une fille a des écus, ⎞
On ne la vend pas, on la donne ! ⎠ *bis.*

Quand des froids tardifs et fâcheux
Nuisent aux produits de la terre,
Le vin manque et des malheureux
Ne peut étourdir la misère !
La charité n'entend pas ça,
Car aux fêtes qu'on carillonne,
Ainsi qu'aux noces de Cana, ⎞
On ne le vend pas, on le donne ! ⎠ *bis.*

Jeunes filles, n'acceptez pas
La fleur qu'un galant vous apporte,
Car le plus beau des camélias
Coûte plus cher qu'il ne rapporte ;
Des bluets, moins prétentieux,
Composez-vous une couronne.
Aux champs on est plus généreux, ⎫ bis.
On ne les vend pas, on les donne ! ⎭

Tel dont l'or ne peut se compter
Mais qui n'est plus à son aurore
Payerait cher le droit d'ajouter
A ses jours d'autres jours encore !
Les riches seuls auraient beau jeu
Et la recette serait bonne ;
Mais, et ça les défrise un peu, ⎫ bis.
On ne les vend pas, on les donne ! ⎭

Ce confrère, qui chante aux sons
D'un orgue aussi faux que barbare,
Pour deux sous vendra ses chansons
A la foule qui s'en empare !
Pour la mienne, soyez-en sûrs,
Je ne rançonnerai personne
Et, bien que les temps soient fort durs, ⎫ bis
Je ne la vends pas, je la donne ! ⎭

## COUPLETS

Chantés chez le docteur TOIRAC, à l'occasion d'un dîner offert à ses amis,

Le 20 novembre 1855.

### CONVIVES.

| | |
|---|---|
| MM. ALTAROCHE. | GIRAUD (Auguste). |
| BOREL. | LABOULBÈNE. |
| CHAUMET. | MAHIET DE LA CHES- |
| CLOQUET. | NERAIE. |
| CORDIER (Adolphe). | MARIE (Hippolyte). |
| DALLAIN. | SCHEFFER (Henry). |
| DÉSAUGIERS. | VELPEAU. |

AIR : *Faut d' la vertu, pas trop n'en faut.*

Chanter les amis que l'on a, } bis.
Je ne vois pas grand mal à ça. }
J'ai pour usage invariable,
Quand ils sont pour moi des meilleurs,
De chanter mes amis à table ;
Autant que ce soit là qu'ailleurs !
    Chanter, etc.

Puisque le plaisir nous amène
Chez l'ami que nous aimons tous,
Bannissons ici toute gêne,
Car chez lui nous sommes chez nous.
    Chanter, etc.

Avec son champagne il nous pousse
A passer nos jours sans ennui,
Et s'il ne fait pas tant de mousse
Il est pétillant comme lui.
    Chanter, etc.

Avec lui lorsque l'on s'abouche
On est maintenant très-heureux,
Car lorsqu'il fait ouvrir la bouche,
C'est pour la remplir de son mieux
    Chanter, etc.

D'une continence très-forte,
Loin de leur ouvrir son boudoir
Il met les Vénus à la porte,
Comme vous avez pu le voir.
    Chanter, etc.

Chez lui l'on n'a pas de mécompte,
En esprit, en vin, en ragoût,
Et l'on sait que s'il fait un conte,
Ce n'est pas à dormir debout.
    Chanter, etc.

A Dallain, son auxiliaire,
Ce brave garçon dit ceci :
Je veux, ayant fait mon affaire,
Que vous fassiez la vôtre aussi.
    Chanter, etc.

Il la fera, car la banlieue
Et Paris, d'un air fort rêveur,
Viennent chez lui faire la queue
Comme chez son prédécesseur.
    Chanter, etc.

Malgré les noms dont il s'honore,
Au docte et brillant Institut
Il manquait une étoile encore,
C'est alors que Cloquet parut.
    Chanter, etc.

De Velpeau l'adresse rassure,
Et quand il tient son bistouri,
Il a la main beaucoup plus sûre
Que le vin que l'on boit ici.
    Chanter, etc.

Parmi ses disciples qu'on cite,
Il en est un qui se permet
D'être un docteur de grand mérite;
Qu'en dites-vous, monsieur Chaumet?
    Chanter, etc.

Tout à l'amitié qui le lie,
Adolphe, à celui qui lui plaît,
Ouvrira, sans cérémonie,
Son cœur, sa cave et son châlet.
    Chanter, etc.

Ami sûr et des plus fidèles,
Tout Cordier qu'il est, c'est certain,
Il ne connaît pas les ficelles
Et va toujours droit son chemin.
    Chanter, etc.

L'orgue, qu'il a pour se distraire,
Charme les dames constamment :
Le moyen de ne pas leur plaire
Avec un si bon instrument
    Chanter, etc.

Si d'Henry Scheffer les entrailles
Ne souffrent plus l'ail désormais,
Je le plains bien, car les médailles (mets d'ail)
Chez lui ne manqueront jamais.
     Chanter, etc.

Borel n'est pas grand, mais qu'importe !
Petit il vaut son pesant d'or,
Et je l'aime mieux de la sorte
Que s'il était tambour-major.
     Chanter, etc.

Laboulbène, mon camarade,
Certes, nous rendra Gallien :
Aussi, quand il trouve un malade,
Le malade s'en trouve bien.
     Chanter, etc.

Quant à *Monsieur*, je suis sincère
Esprit, cœur, en lui tout est bon,
Et s'il n'était pas mon beau-père,
Je vous en dirais bien plus long.
     Chanter, etc.

De mes couplets la fin approche,
Et s'ils pêchent par la façon,
Vous, Mahiet, Giraud, Altaroche,
Vengez l'honneur de la chanson.
Chanter les amis que l'on a,
Je ne vois pas grand mal à ça.

## L'ASTICOT

MOT DONNÉ.

Air : *de Treille de sincérité.*

Pauvre poëte,
A cette fête,
Puisqu'en vers je dois mon écot,
Dussé-je ici manquer d'écho,
Je vais vous chanter l'asticot.

Tout ce qui vit dans la nature
Est d'un grand intérêt pour moi ;
Et ce mot donné, je vous jure,
Loin de me causer quelque effroi,
Me séduit, et voici pourquoi :
Mon esprit, qui souvent sommeille,
Quand il n'est pas surexcité
Par un sujet qui le réveille,
A besoin d'être asticoté.
   Pauvre poëte, etc.

Il n'a jamais connu sa mère,
Le pauvre petit malheureux !
Car, marâtre autant que légère,
La mouche, en déposant ses œufs,
Prend son vol et s'éloigne d'eux !
Quand nous le voyons se produire
Sur des biftecks peu délicats,
Aux amateurs il semble dire :
Regardez, mais n'y touchez pas.
   Pauvre poëte, etc.

C'est à ses œuvres qu'on le juge;
Comme jamais il n'a nui,
Ni vétivert, ni vermifuge,
Dont on fait usage aujourd'hui,
Ne sont employés contre lui.
Mais comme les meilleures choses
N'ont pas le don de le toucher,
C'est ailleurs que parmi les roses
Que l'on doit aller le chercher....
  Pauvre poëte, etc.


Lorsque le ver luisant projette
Des clartés qui n'éclairent rien,
Du pêcheur et de la guinguette
L'asticot se fait le soutien,
Et suffit à leur entretien.
Pour lui c'est une rude épreuve,
Car on sait très-pertinemment
Que lorsqu'il plonge dans un fleuve,
Ce n'est pas pour son agrément.
  Pauvre poëte, etc.


Si l'homme lui sert de pitance,
C'est quand l'âme a quitté le corps.
Seul il n'a pas grande puissance;
Mais, avec de nombreux renforts,
Il galvaniserait des morts.
Bien qu'ils soient tous des moins ingambes,
On les a vus, dans bien des cas,
Déplacer et donner des jambes
A des objets qui n'en ont pas.
  Pauvre poëte, etc

Quand nous mangeons une friture,
Plaignons, messieurs, son triste sort ;
Car, pour en faire sa pâture,
C'est sur lui que le poisson mord,
Et lui cause le plus grand tort.
Comme celui-ci s'en régale,
Nous pouvons conclure de là,
Que par goujon que l'on avale,
C'est un asticot qui s'en va !...
   Pauvre poëte, etc.

Il a l'humeur douce et tranquille,
Et, bien qu'il soit fort innocent,
On l'évite comme un reptile,
Et c'est toujours en grimaçant
Qu'on le foule aux pieds en passant.
Avec une vie aussi triste,
Nous pouvons bien en convenir,
L'être le moins socialiste
Finirait par le devenir.
   Pauvre poëte, etc.

Cet insecte, quoi que je dise,
Offrira toujours peu d'appas,
Et comme objet de convoitise,
Messieurs, je ne m'attendais pas
A le servir à ce repas.
Mais grâce à votre accueil aimable,
J'emporte l'espoir consolant
Qu'on peut chanter un ver semblable
Sans cesser d'être un vert galant.
   Pauvre poëte,
    A cette fête,

Puisqu'en vers je dois mon écot,
En dépit de son peu d'écho,
Prenez, messieurs, mon asticot.

## LE BON VIEUX TEMPS PEUT REVENIR

Air : *Amusez-vous, jeunes fillettes.*

De notre siècle on désespère,
C'est sans raison, je le soutiens,
Rien n'est changé sur cette terre :
Les jeunes valent les anciens ;
N'accusons que notre inconstance,
Et tâchons de nous en guérir,
Mes amis, j'en ai l'espérance,
Le bon vieux temps peut revenir.

Ne chargeons pas notre mémoire
De chants froids et prétentieux,
Conservons les chansons à boire,
C'est un présent de nos aïeux ;
En vain la plaintive romance
De nos banquets veut les bannir ;
Mes amis, j'en ai l'espérance,
Le bon vieux temps peut revenir.

Vivons sans haine et sans colère,
Désormais, demeurons amis ;
Dans un Français voyons un frère :
Aimons avant tout le pays ;
Le ciel, après tant de souffrance,
Nous doit un meilleur avenir ;
Mes amis, j'en ai l'espérance,
Le bon vieux temps peut revenir.

Jadis, souvenir regrettable !
On faisait quatre bons repas ;
On passait tout le jour à table,
Et la nuit on ne dormait pas ;
Ces principes d'intempérance,
Chez nous, semblent se maintenir ;
Mes amis, j'en ai l'espérance,
Le bon vieux temps peut revenir.

Comme autrefois le soleil brille,
Et comme autrefois dans nos prés,
Le moissonneur sous la faucille
Renverse les épis dorés ;
La vigne croît toujours en France,
Nos treilles vont bientôt jaunir ;
Mes amis, j'en ai l'espérance,
Le bon vieux temps peut revenir.

Lorsque l'aquilon et l'orage
Respectent le calme des bois,
Bons villageois, sous le feuillage,
Reprenez vos jeux d'autrefois ;
Le ménétrier pour la danse
Vous invite à vous réunir ;
Mes amis, j'en ai l'espérance,
Le bon vieux temps peut revenir.

Déjà le roman fantastique
Ne rencontre plus de lecteurs,
Le drame qu'on nomme historique
A fatigué ses auditeurs.
De la gaîté la longue absence
Commence à se faire sentir !
Mes amis, j'en ai l'espérance,
Le bon vieux temps peut revenir.

Cette réforme est nécessaire ;
Que chacun y mette du sien :
Par un dévouement exemplaire,
Vivons longtemps et vivons bien ;
A ce passé que l'on offense,
Montrons-nous fiers d'appartenir ;
Mes amis, j'en ai l'espérance,
Le bon vieux temps peut revenir.

## UN CROYANT

Air : *Une fille est un oiseau.*

Mon cœur ne s'est pas gâté
A l'école des sceptiques,
Incrédules fanatiques
Sans nom, sans autorité.
N'en déplaise à l'auditoire,
Je crois, et c'est méritoire,
Ce que raconte l'histoire,
Au nouveau comme à l'ancien ;
Je crois à tout dans ce monde !
Et que le ciel vous confonde,
Vous qui ne croyez à rien ! (*bis.*

Je crois au sombre souci,
A l'amitié serviable ;
Je crois aux cornes du diable
A d'autres cornes aussi ;
Au supplice de Tantale,
A celui de la Vestale,
A l'entente cordiale ;

Je crois même à son maintien,
Je crois à tout dans ce monde!
Et que le ciel vous confonde,
Vous qui ne croyez à rien ! (*bis.*)

Je crois à l'oiseau romain
Qui sauva le Capitole,
A l aumône qui console
Le pauvre sur mon chemin ;
Je crois à la canicule ;
Je crois aux travaux d'Hercule;
Je crois à la somnambule,
Rivale de Galien.
Je crois à tout dans ce monde!
Et que le ciel vous confonde,
Vous qui ne croyez à rien ! (*bis*)

Je crois au bras de Samson ;
Je crois au nez de Socrate,
A l'anneau de Polycrate
Retrouvé dans un poisson,
A l'enlèvement d'Hélène,
Au tonneau de Diogène,
Au ventre du vieux Sylène,
Comme je croirais au mien.
Je crois à tout dans ce monde!
Et que le ciel vous confonde,
Vous qui ne croyez à rien ! (*bis.*

Je crois au pauvre Abeilard ;
Je crois au vin de Sauterne,
A la tête d'Holopherne,
Au festin de Balthazar ;

Je crois au gai Démocrite,
Au bonheur du sybarite,
Aux ennuis que la guérite
Cause à chaque citoyen.
Je crois à tout dans ce monde !
Et que le ciel vous confonde,
Vous qui ne croyez à rien (*bis.*)

Je crois au sort d'Absalon ;
Je crois à l'homme fossile ;
Je crois au talon d'Achille
Comme au torse d'Apollon ;
A la voix de la sirène,
Au récit de Théramène,
Aux cailloux de Démosthène
Qui l'ont fait parler si bien.
Je crois à tout dans ce monde !
Et que le ciel vous confonde,
Vous qui ne croyez à rien ! (*bis.*)

Je crois à Machiavel,
Au désastre de Ninive,
A notre chambre élective
Comme à la tour de Babel ;
Je crois aux héros de Sparte,
Aux articles de la charte,
A la mort de Bonaparte ;
Oui, j'y crois, je le soutien !
Je crois à tout dans ce monde !
Et que le ciel vous confonde,
Vous qui ne croyez à rien !(*bis.*)

Je crois aux jolis minois,
Comme aux fronts chargés de rides ;

Lorsque mes goussets sont vides,
Je crois à la fin du mois ;
Je crois, et c'est incroyable,
Qu'on va dire à cette table
Qu'il n'est rien de comparable
Au chef-d'œuvre que je tien !
Je crois à tout dans ce monde !
Et que le ciel vous confonde,
Vous qui ne croyez à rien ! (*bis*)

## UN SUJET ÉVANGÉLIQUE

Air : *Eh! ma mère, est c' que j' sais ça?*

Sur quelques couplets bachiques
Vous auriez tort de compter,
J'ai des goûts plus catholiques ;
Car ce que je vais chanter,
C'est le précepte admirable
Que l'Evangile prescrit :
N' fais jamais à ton semblable
C' que tu n' voudrais pas qu'on t' fît !

Sans craindre Dieu qu'il outrage,
Caïn, jaloux et cruel,
Ne consultant que sa rage,
Immola son frère Abel ;
Il n'eût pas été coupable,
A coup sûr, s'il s'était dit :
N' fais jamais à ton semblable
C' que tu n' voudrais pas qu'on t' fît !

Pour un simple mal de tête,
Pourquoi, docteur inhumain,
Nous condamner à la diète
Lorsque nous mourons de faim ?
Montre-toi plus charitable,
Et, dans tes jours d'appétit,
N'fais jamais à ton semblable
C' que tu n' voudrais pas qu'on t' fît !

Un cocher, mauvaise tête,
Mais adorant son cheval,
Usait pour la pauvre bête
D'un moyen original ;
Sur son fouet peu redoutable
Le pauvre homme avait écrit :
N' fais jamais à ton semblable
C' que tu n' voudrais pas qu'on t' fît !

L'autre soir à la sourdine,
En l'absence de l'époux,
A ma gentille cousine
Je remis un billet doux ;
Loin de m'être favorable
La belle me répondit :
N' fais jamais à ton semblable
C' que tu n' voudrais pas qu'on t' fît !

Pour une dette légère
Tu fais jeter en prison
Un ouvrier, un bon père,
Jules, tu perds la raison !
Rends vite ce pauvre diable
A ses enfants qu'il chérit.
N' fais jamais à ton semblable
C' que tu n' voudrais pas qu'on t' fît !

Hier, dînant chez Horace,
Un monsieur, d'un air malin,
Osa m'offrir la carcasse
D'un poulet mort de chagrin !
Garde ces os, misérable !
Lui dis-je tout interdit :
N' fais jamais à ton semblable
C' que tu n' voudrais pas qu'on t' fît !

Si ma chanson sut te plaire,
Sûr de combler mes souhaits,
Cher public, loin de te taire,
Dis-le-moi bien vite ; mais
Si tu la trouves blâmable,
Epargne-moi ton dépit :
N' fais jamais à ton semblable
C' que tu n' voudrais pas qu'on t' fît !

## MARCHONS TOUJOURS

Air : *Vaudeville de l'Anonyme.*

Quand il me vient une chanson à faire
Je prends mes gants, ma canne et mon chapeau
Et suis certain de trouver mon affaire
Mieux qu'en restant assis à mon bureau.
Je défierais alors les plus ingambes,
Car je me dis, en dépit des frimas :
Si mon esprit est au bou de mes jambes
Marchons toujours, ne nous arrêtons pas !

Pour être heureux au milieu de ce monde,
Secouons tous notre lourde torpeur,
Et sur la terre aussi bien que sur l'onde,
Sans nous lasser poursuivons le bonheur.
A l'horizon, dès qu'il commence à poindre,
Gardons-nous bien de ralentir le pas,
Si nous voulons finir par le rejoindre
Marchons toujours, ne nous arrêtons pas !

Ainsi que moi vous que l'embonpoint vexe,
Et qui craignez de le voir s'augmenter,
Cher auditeur de l'un et l'autre sexe,
En omnibus gardez-vous de monter ;
Le Juif errant, à ce que dit l'histoire,
Etait fort maigre, et nous qui sommes gras,
Ainsi que lui, si vous voulez m'en croire,
Marchons toujours, ne nous arrêtons pas!

Lorsque le soir, dans une rue étroite,
Nous entendons des gens se quereller,
Assez souvent, comme une ruse adroite,
C'est un moyen qu'on prend pour nous voler ;
Outre qu'on peut attraper des taloches
En se mêlant à de pareils débats,
Si nous tenons à nos mouchoirs de poche,
Marchons toujours, ne nous arrêtons pas !

Quand il s'agit d'alléger la détresse
Des malheureux qui souffrent de la faim,
N'écoutons pas le cri de la paresse
Qui nous dira d'attendre au lendemain ;
En parcourant ces obscures ruelles,
Ne craignons rien pour nos pieds délicats :
La charité nous prêtera ses ailes;
Marchons toujours, ne nous arrêtons pas!

Marchons toujours! c'est le cri de nos braves
Quand le canon vient décimer leurs rangs.
Marchons toujours! disent les esprits graves,
Et résistons au flot des ignorants.
Il faut sortir vainqueurs de cette joute,
De leurs clameurs ne faisons aucun cas ;
Si le succès est au bout de la route,
Marchons toujours, ne nous arrêtons pas!

Faut-il aller de quelques gens maussades
Boire le vin et manger le gigot,
N'y courons pas à nous rendre malades :
Nous y serons, hélas! toujours trop tôt.
Mais s'agit-il de quitter nos mansardes
Pour assister à de joyeux repas,
Quand il devrait tomber des hallebardes,
Marchons toujours, ne nous arrêtons pas !

Mieux que le temps la tristesse nous tue.
Faisons alors un effort surhumain ;
Ne souffrons pas que notre âme abattue
Nous laisse choir au milieu du chemin.
Quand de nos jours le flambeau peut s'éteindre,
Employons-les à bien rire ici-bas,
Et si l'ennui cherchait à nous atteindre,
Marchons toujours, ne nous arrêtons pas!

## MES ANTIPATHIES

Air : *de l'Apothicaire*.

Je conçois parfaitement bien
Que des hommes inexplicables,

N'aimant rien, ne tenant à rien,
Prennent en grippe leurs semblables.
Moi qui suis des plus indulgents,
Et je dirai même bonace,
Il est des choses et des gens
Que je ne peux pas voir en face !

Pour flatter le public blasé,
Les théâtres, perdant la carte,
A tour de rôle ont abusé
Du costume de Bonaparte.
Pour l'empereur et son drapeau
Mon cœur ne fut jamais de glace ;
Mais sa capote et son chapeau,
Je ne peux pas les voir en face !

Au comble de ses vœux, l'amant
Est moins tendre pour sa compagne ;
Tel je suis assez fréquemment
Avec les flacons de champagne ;
Je les comble de procédés
Tant que leur bouchon me menace ;
Mais aussitôt qu'ils sont vidés,
Je ne peux pas les voir en face !

J'avais un soutien, un appui,
Mais le traître, hélas ! m'abandonne ;
Les faveurs, en tombant sur lui,
M'ont aliéné sa personne.
Il peut bien dormir en repos,
Sans craindre que je le tracasse ;
Depuis qu'il m'a tourné le dos,
Je ne peux pas le voir en face !

Moi qui combattrais sans effroi
Les animaux les plus féroces,
Je n'ai jamais trop su pourquoi
Les rats me font des peurs atroces ;
C'est fort bête, on en conviendra,
Mais que voulez-vous que j'y fasse ?
Excepté ceux de l'Opéra,
Je ne peux pas les voir en face !

Avant le siége de Tanger,
Un relieur des plus habiles
M'emporta, pour les arranger,
Plusieurs ouvrages fort utiles.
Mais aujourd'hui de ces bouquins
La couverture m'embarrasse :
Grâce à leurs peaux de maroquins
Je ne peux pas les voir en face !

Avec mon vêtement bourgeois,
Lorsqu'il faut que je me pomponne,
Comme Narcisse quelquefois
Je suis épris de ma personne ;
Mais quand j'ai mon aigrette à pic
Et mon habit à cor de chasse,
N'en déplaise à l'ordre public,
Je ne peux pas me voir en face !

Sur le compte de ma chanson
Que chacun s'explique à sa guise,
Qu'on ne fasse pas de façon,
Il faut ici de la franchise ;
J'aime l'homme exempt de détours,
Qualité que rien ne remplace;
Mais ceux qui se masquent toujours,
Je ne peux pas les voir en face !

# LE PLAISIR SEUL EST UNE VÉRITÉ

Air : *Ami, voici la riante semaine.*

J'aime à penser, disciple d'Epicure,
Foulant aux pieds tout sujet de douleur,
Que celui-là qui se plaint et murmure
Est l'artisan de son propre malheur.
Il est un fait que sans doute il oublie,
Et dont pour moi je n'ai jamais douté,
C'est qu'après Dieu qui nous donna la vie,
Le plaisir seul est une vérité !

Savoir jouir, est-ce donc un problème ?
Dans les chagrins pourquoi se dessécher ?
Quand le plaisir ne vient pas de lui-même,
C'est bien le moins qu'on aille le chercher.
A l'indigent qui souffre et désespère,
Quelques éclairs d'une franche gaîté
Font oublier bien des jours de misère :
Le plaisir seul est une vérité !

Si quelque femme au cœur bon et sensible
Paya nos feux du plus tendre retour,
Adorons-la quand la chose est possible
Sans protester d'un éternel amour.
Jurer d'aimer, il faut bien qu'on y songe,
C'est plus qu'un tort, c'est une lâcheté ;
En fait d'amour, tout serment est mensonge,
Le plaisir seul est une vérité !

Vous qui croyez à des succès posthumes,
Songes trompeurs que le réveil détruit,
Vous entassez volumes sur volumes :
C'est frapper fort pour faire peu de bruit.
Ignorez-vous, messieurs, que chaque veille
Brûle le sang et détruit la santé?
Vous maigrissez, je me porte à merveille ;
Le plaisir seul est une vérité !

En fait d'honneurs, il faut être modeste,
L'abus peut nuire, et cela se comprend ;
C'est comme un mets aussi lourd qu'indigeste
Qui rassasie aussitôt qu'on en prend.
Mais le plaisir, ainsi qu'il faut l'entendre,
On y revient quand on en a goûté;
Plus on en prend et plus on veut en prendre,
Le plaisir seul est une vérité !

Bons députés, quand la foule s'occupe
Et de vous lire et de vous commenter,
De vos discours je ne suis pas la dupe,
Et rarement je vais les écouter;
Sachez-le bien, avec soin je m'écarte
De tout endroit par l'ennui fréquenté;
Car en dépit de vous et de la Charte,
Le plaisir seul est une vérité !

Bien fou qui mène une existence austère !
En nous faisant l'avenir incertain,
Dieu prodigua ses trésors sur la terre
Pour que chacun eût sa part du butin ;
Malheur à vous que le chagrin dévore !
Que mon refrain par vous soit répété,
Je vous l'ai dit, je vous le dis encore :
Le plaisir seul est une vérité !

## UN VÉRITABLE AMI

AIR : *Ma belle est la belle des belles.*

Inaccessible à l'égoïsme,
Pour ce cher Paul assurément
J'ai poussé jusqu'au fanatisme
La tendresse et le dévouement.
En m'admirant, Pylade même
Sans doute se fût écrié :
Si ce n'est pas ainsi qu'on aime,
Qu'appelez-vous de l'amitié ?

Moi qui chéris l'indépendance
Et qui voudrais l'égalité,
Contre l'éclat de sa naissance
J'ai vu se briser ma fierté.
En dépit de son rang suprême,
Mon cœur n'a jamais varié ;
Si ce n'est pas ainsi qu'on aime,
Qu'appelez-vous de l'amitié ?

M'apercevant que sa richesse
Souvent lui causait de l'ennui,
J'ai résolu, dans ma sagesse,
D'aller demeurer avec lui ;
L'air pur qu'on respire au sixième,
Pour lui je l'ai sacrifié :
Si ce n'est pas ainsi qu'on aime,
Qu'appelez-vous de l'amitié ?

Manger seul, c'est insupportable,
N'êtes-vous pas de mon avis?
Aussi j'ai voulu qu'à sa table
Tous les jours mon couvert fût mis ;
Comme il observe le carême,
A ses goûts je me suis plié :
Si ce n'est pas ainsi qu'on aime,
Qu'appelez-vous de l'amitié ?

Pour lui je n'ai pas de mystère,
Ce serait une trahison ;
Un jour une dette légère
Allait me conduire en prison ;
Soudain, dans ce péril extrême,
A Paul je me suis confié :
Si ce n'est pas ainsi qu'on aime,
Qu'appelez-vous de l'amitié ?

Paul est joueur, j'ai beau m'en plaindre,
Mes reproches sont superflus ;
Hier il a su me contraindre
A lui gagner cinquante écus ;
Je hais les cartes, par système,
Mais pour moi je suis sans pitié :
Si ce n'est pas ainsi qu'on aime,
Qu'appelez-vous de l'amitié ?

Mon ami termine un ouvrage
Comme le siècle en a peu vu ;
Son succès sera grand, je gage,
Et cependant j'ai tout prévu ;
Craignant qu'on blâmât son poëme,
Je me le suis approprié :
Si ce n'est pas ainsi qu'on aime,
Qu'appelez-vous de l'amitié?

Dans quelques jours Paul se marie,
J'applaudis à des nœuds si doux,
Et, de cette union chérie
Bien loin de me montrer jaloux,
Je veux être un second lui-même
Auprès de sa tendre moitié :
Si ce n'est pas ainsi qu'on aime,
Qu'appelez-vous de l'amitié?

---

# ENCORE UNE ÉTOILE QUI FILE

Air : *Du Ballet des Pierrots.*

La nuit, chère à nos chansonnettes,
Etend son voile sur Paris :
C'est l'heure propice aux lorettes,
C'est l'heure fatale aux maris ;
Il faut faire succéder l'huile
Au soleil qui nous éclairait :
Encore un jour, hélas ! qui file,
Qui file, file et disparaît !

Cet homme à la face avinée,
Travaillant bien, mais buvant mieux,
Avec le gain de sa journée
Rendrait son ménage joyeux ;
Mais grâce à sa soif indocile,
Sur le comptoir du cabaret
C'est encore un canon qui file,
Qui file, file et disparaît !

En proie au plus sombre délire,
Ah! plaignons cet agioteur;
Le malheureux ne saurait dire
Que tout est perdu fors l'honneur;
Pour l'entraîner loin de la ville,
Le chemin de fer est tout prêt :
Encore un imprudent qui file,
Qui file, file et disparaît !

Heureuses de votre dimanche,
Jeunes filles, habillez-vous;
Revêtez votre robe blanche,
L'orage est déjà loin de nous ;
Ne craignez rien, d'un pas agile
Arpentez gaîment la forêt.
Encore un nuage qui file,
Qui file, file et disparaît !

Pour Mars, cette actrice accomplie,
Nous ne tresserons plus de fleurs;
Elle n'est plus : comme Thalie,
Nous avons tous versé des pleurs;
Du collier, ornement fragile,
Dont la déesse se parait.
Encore une perle qui file,
Qui file, file et disparaît !

Voyez revenir au village
Les enfants du pauvre pêcheur;
Ce matin, errant sur la plage,
Ils avaient l'air triste et rêveur;
Ils suivaient d'un œil immobile
La voile où le vent s'engouffrait :
Encore une barque qui file,
Qui file, file et disparaît !

L'oubli, pour moi, c'est un vampire,
Un horrible monstre affamé,
Et je défierais qu'on pût dire
Ce qu'il a déjà consommé ;
Il est très-friand de mon style,
Et dans son gosier indiscret...
Encore une chanson qui file,
Qui file, file et disparaît !

## ON N'A QU'A S'BAISSER POUR EN PRENDRE

Air : *Adieu ! je vous fuis, bois charmant.*

Chansonnier des plus sans façons,
J'ai pris pour muse une bacchante,
Et je colporte mes chansons
Partout où l'on rit et l'on chante,
Mon sac reste toujours ouvert
Pour ceux qui veulent les entendre,
Et lorsque arrive le dessert,
On n'a qu'à s'baisser pour en prendre !

Je n'ai jamais pu m'expliquer
Pourquoi les enfants de Grégoire,
Quand le vin vient à leur manquer,
Préfèrent se passer de boire ;
A la rivière tous les jours
Chacun est libre de descendre,
Et comme elle coule toujours,
On n'a qu'à s'baisser pour en prendre !

Victime des mauvais penchants
De petits vauriens pleins d'astuce,
Le cultivateur dans les champs
Travaille pour le roi de Prusse;
Les fraises parmi tous les fruits
Ont un charme qu'on ne peut rendre :
Elles sont si bonnes ! et puis,
On n'a qu'à s' baisser pour en prendre!

Attirés par l'appât du gain,
Que de gens, quittant leur patrie,
Iront dans ce pays lointain,
Qu'on nomme la Californie !
On doit, du moins c'est mon avis,
Y trouver de l'or à revendre,
Puisqu'on dit que dans ce pays
On n'a qu'à s' baisser pour en prendre!

Paris est un séjour charmant,
Mais les plaisirs qu'on y récolte
Y sont troublés très-fréquemment
Par la discorde et la révolte;
Les émeutiers sont tout trouvés,
Jamais ils ne se font attendre,
Et quand vient le tour des pavés,
On n'a qu'à s' baisser pour en prendre

Que de fats ne voyons-nous pas
Dont le cœur est toujours en fête !
La beauté s'attache à leurs pas
Et c'est par jour une conquête!
Si l'on en croyait ces farceurs,
Outre qu'elles ont le cœur tendre,
Les femmes sont comme les fleurs,
On n'a qu'à s' baisser pour en prendre!

Par un beau soleil de printemps,
Naguère, sautant sur l'herbette,
Je me baissai quelques instants
Pour cueillir de la violette ;
Comme j'en avais quelques brins,
Une douleur me fit comprendre
Que lorsqu'on veut un mal de reins,
On n'a qu'à s' baisser pour en prendre!

Pour plaire à tous mes auditeurs,
Que ne puis-je, des plus ingambes,
Ainsi que beaucoup de danseurs
Avoir mon esprit dans mes jambes !
Ce soir, sans aucun embarras,
A flots j'aurais pu le répandre,
Car lorsque l'esprit est si bas,
On n'a qu'à s' baisser pour en prendre!

## J'AIME MIEUX EN RESTER LA!

Air : *du Ballet des Pierrots.*

Depuis hier, chose incroyable,
Je cherche un refrain qui me fuit;
Pendant la journée introuvable,
Je l'ai cherché pendant la nuit;
Je le cherchais quand vint l'aurore
Et lorsqu'à table on s'installa ;
Je pourrais le chercher encore,
Mais j'aime mieux en rester là !

Qu'on prenne la chanson en haine,
Sans savoir au juste pourquoi,
Peu m'importe ! C'est mon domaine,
Et l'on est toujours bien chez soi;
Je pourrais faire un vaudeville
Pareil à ceux que l'on siffla,
Rien ne me serait plus facile,
Mais j'aime mieux en rester là.

Oublieux de ce vieil adage :
Qui trop embrasse, mal étreint !
Le conquérant vole au carnage
Porté sur un coursier sans frein;
Napoléon eût dû se dire,
Quand sa fortune chancela :
Je peux augmenter mon empire,
Mais j'aime mieux en rester là.

Vu que depuis un mois il dure,
Et que c'est un triste régal,
Je me prive de la lecture
Du feuilleton de mon journal;
Malgré tout l'ennui qu'il m'inspire
Et le peu d'intérêt qu'il a,
Jusqu'au bout je pourrais le lire,
Mais j'aime mieux en rester là !

Me voici veuf de ma seconde,
Me disait Victor l'autre jour;
Comme Arsinoë, Cunégonde
Se joua de mon fol amour;
Je pourrais, suivant mon système,
Sans qu'on me blâme de cela,
En épouser une troisième,
Mais j'aime mieux en rester là !

Quand la côte de Belleville,
Sur laquelle je suis juché,
Éreinte le coursier agile,
Moi, sans en être effarouché,
Je la monte à pied, et j'ajoute
Que, malgré la hauteur qu'elle a,
Je la remonterais sans doute,
Mais j'aime mieux en rester là !

Mais déjà ma parole expire,
Et c'est fâcheux sans contredit ;
Car ce qui me reste à vous dire
Vaut bien mieux que ce que j'ai dit ;
C'est la vérité, je l'atteste,
Et si vous doutiez de cela,
Je pourrais vous dire le reste,
Mais j'aime mieux en rester là !

## LE BONHEUR A BON MARCHÉ

Air : *J'arrive à pied de la province.*

Lorsque la neige et la glace
   Ont fini leur temps,
Et que Zéphir prend la place
   Des sombres autans,
La première fleur éclose
   Réjouit nos yeux ;
C'est drôl' comme avec peu d' chose,
   On fait des heureux !

Cet enfant qui se démène
   Et pousse des cris,
Pour calmer soudain sa peine,
   A ses yeux surpris

Il suffit que l'on expose
   Un bonbon ou deux;
C'est drôl' comme avec peu d' chose
   On fait des heureux !

C'est à qui, dans le village,
   Accourt le premier
A l'appel, un peu sauvage,
   Du ménétrier.
Le crincrin dont il dispose
   Suffit à leurs jeux;
C'est drôl' comme avec peu d' chose
   On fait des heureux !

La bours' bien ou mal garnie,
   Il faut être humain
Pour le pauvre qui mendie
   En tendant la main;
De l'aumône qu'on y pose
   Il rend grâce aux cieux;
C'est drôl' comme avec peu d' chose
   On fait des heureux !

Au bal elle arrive à peine :
   Que d'hommes déjà
Auprès de cette sirène
   Du quartier Bréda!
En leur donnant son cœur, Rose
   A comblé leurs vœux;
C'est drôl' comme avec peu d' chose
   On fait des heureux !

Cet homme qui de la vie
   Paraît excédé,

Que le ruban qu'il envie
  Lui soit accordé,
Son front soudain de morose
  Devient radieux ;
C'est drôl' comme avec peu d' chose
  On fait des heureux !

Ce docteur homéopathe
  Trouve le moyen
De guérir, comme Hippocrate,
  Avec moins que rien ;
Car, plus petite est la dose,
  Plus on se sent mieux ;
C'est drôl' comme avec peu d' chose
  On fait des heureux !

Le jour où vot' République
  Chez nous s'installait,
Surpris de l'effet magique
  Qu'elle produisait,
Vous pouviez dire, et pour cause,
  Hommes généreux :
C'est drôl' comme avec peu d' chose
  On fait des heureux !

Un filet d'eau ravitaille
  L'homme du désert ;
Un feu, fût-ce un feu de paille,
  Réjouit l'hiver :
Ces éléments qu'on oppose
  Pourraient s' dire entre eux :
C'est drôl' comme avec peu d' chose
  On fait des heureux !

S'unir n'est pas une affaire,
  Par le temps qui court :
Il suffit qu'à monsieur l' maire
  On dis' oui tout court ;
Puis on est, sans autre clause,
  Enchaînés tous deux :
C'est drôl' comme avec peu d' chose
  On fait des heureux !

Vous croyez tous que j'aspire
  Après un succès?
Bien loin de là, je désire
  Perdre mon procès !
Car si je gagnais ma cause,
  Je m' dirais, honteux :
C'est drôl' comme avec peu d' chose
  On fait des heureux !

# TROUVERIEZ-VOUS ÇA DROLE?

Air : *Ah! quel plaisir de vendanger !*

C'est triste pour un troubadour
  D'habiter un faubourg ;
Si vous entendiez chaque jour
  Frapper sur de la tôle
  Comme sur un tambour,
  Trouveriez-vous ça drôle ?

La nuit pour contenter vos goûts
  Maraudeurs et filous,
Vous abattez le fruit à coups

Ou de pierre ou de gaule :
Si l'arbre était à vous,
Trouveriez-vous ça drôle ?

A tout buveur sur le retour
Ne jouez aucun tour :
Car sous ses drapeaux quelque jour
Si Bacchus vous enrôle,
Pochards, à votre tour,
Trouveriez-vous ça drôle ?

De belles truffes en cadeau
Vous vient-il un boisseau ?
Votre joie, en un jour si beau :
Peut briller sans contrôle ;
Si vous étiez perdreau,
Trouveriez-vous ça drôle ?

Ce mayeux, qu'un bon cœur plaindra.
Vous désopilera :
Vous êtes bien faits, on sait ça ;
Mais si sur votre épaule
Vous aviez ce qu'il a,
Trouveriez-vous ça drôle ?

Pourquoi sous ces tristes barreaux
Enfermer ces oiseaux ?
Si par un soleil des plus beaux
On vous mettait en geôle,
Amateurs de moineaux,
Trouveriez-vous ça drôle ?

Quand sur les Russes nos soldats
Ont fait quelques razzias,
Vous battez des mains, n'est-ce pas ?

Mais si, changeant de rôle,
Vous étiez Nicolas,
Trouveriez-vous ça drôle ?

Polichinelle par état
  Avec Minet se bat :
Vous riez, quand, dans ce combat,
  L'un frappe et l'autre miaule ;
  Si vous étiez le chat,
  Trouveriez-vous ça drôle ?

Le soleil a le spleen, dit-on ;
  Ce n'est pas sans raison :
Voir la terre, en toute saison,
  De l'un à l'autre pôle,
  Tourner comme un toton,
  Trouveriez-vous ça drôle ?

Ces vers vous semblent-ils trop doux ?
  Pour les rendre plus fous
Si je vous disais, entre nous,
  Qu'un jour sous quelque saule
  Nous reposerons tous,
  Trouveriez-vous ça drôle ?

# REGARDEZ, MAIS N'Y TOUCHEZ PAS !

Air : *du Vaudeville de la Somnambule.*

Tels objets séduisent la vue
Qui ne souffrent pas d'examen,
Et notre espérance est déçue
Lorsque nous y portons la main.

L'œil aisément croit au mensonge,
Laissons la règle et le compas,
Pour que notre erreur se prolonge,
Regardons, mais n'y touchons pas

Quand la nature se réveille,
Lasses de vos plaisirs mondains,
Mesdames, ainsi que l'abeille,
Vous butinez dans nos jardins.
Ne détruisez pas le prestige
De ces jeunes et frais lilas,
La fleur est si bien sur sa tige !
Regardez, mais n'y touchez pas !

Enfants, qui deviendrez des hommes,
Oh ! n'élevez jamais la main
Pour attirer à vous les pommes
Qui viennent au bord du chemin !
Manger le fruit que l'on enlève,
C'est faire un bien triste repas ;
Soyez plus obéissants qu'Eve,
Regardez, mais n'y touchez pas !

Aimons, et que pour nous la femme
Soit un culte de chaque jour,
Mais ne salissons pas notre âme
Au contact d'un impur amour !
Que de Laïs, sous leurs dentelles,
Cachent de perfides appas !
Jeunes gens qui passez près d'elles,
Regardez, mais n'y touchez pas !

Aux jours donnés à la folie,
N'oubliez pas de soulager

Le pauvre honteux qui supplie
A la porte du boulanger.
Quand il souffre de la disette
Faut-il encor lui dire, hélas !
Le pain se donne à qui l'achète,
Regardez, mais n'y touchez pas.

Votre ivresse est-elle assouvie,
Vous tous qui, partis les derniers,
Au terme fatal de la vie,
Voulez arriver les premiers ?
Quel délire affreux vous agite !
Pourquoi précipiter vos pas ?
L'aiguille, hélas !.. marche assez vite.
Regardez, mais n'y touchez pas !

Loin du monde et dans le silence
Seul artisan de mon bonheur,
J'ai su me faire une existence
Pleine de charme et de douceur.
Jaloux, respectez mon ouvrage :
Comme les œuvres d'ici-bas,
C'est un fragile échafaudage ;
Regardez, mais n'y touchez pas

## LE I<sup>er</sup> AVERTISSEMENT

Air : *De Calpigi.*

Des écrivains prompts à médire
Se croyaient le droit de tout dire,
Mais on éprouva le besoin
De leur montrer un peu le poing,

Chaque fois qu'ils allaient trop loin ;
Qu'ils n'aient d'ailleurs aucune crainte,
Car avant qu'on ne les éreinte,
Ils recevront, assurément,
Un premier avertissement!

Le vin est assez débonnaire,
Avant de frapper il éclaire ;
Le mal qu'il fait n'est pas subit,
Ce n'est que petit à petit
Qu'il trouble les sens et l'esprit ;
Si déjà ta raison sommeille,
Buveur, éloigne ta bouteille,
Dont tu reçois en ce moment
Un premier avertissement!

Si les impôts ne vous vont guère,
Le budget vous fera la guerre;
Il faut pour lui se mettre en frais,
Sinon, après quelques délais,
Vos meubles seront vendus; mais
Avant cette mesure extrême
Le receveur, la bonté même,
Vous donne charitablement
Un premier avertissement!

D'un vol ce petit misérable
A douze ans s'est rendu coupable;
Mais le juge, soumis aux lois,
Va l'absoudre pour cette fois,
Tout en lui donnant sur les doigts.
Ainsi, prompte à punir le vice,
Thémis, au nom de la justice,
Donne à ce mauvais garnement
Un premier avertissement.

Cette femme, erreur bien cruelle!
Croit rester toujours jeune et belle;
Mais le temps, qui peut tout oser,
Saura bien la désabuser,
Dût son pauvre cœur se briser !
Déjà, pour adoucir sa peine,
Un cheveu blanc qu'on voit à peine
Va lui donner tout doucement
Un premier avertissement!

Telle croit son mari volage,
Qui, jusqu'alors honnête et sage,
Saura, dans cette occasion,
Recourir sans permission
A la peine du talion;
Quand on cause un tel préjudice,
Il serait de toute justice
D'envoyer conjugalement
Un premier avertissement !

Le destin est souvent barbare,
Il nous frappe sans crier gare !
Que de gens plus ou moins connus
Qui sans en être prévenus
S'en iront comme ils sont venus !
Ce procédé, quand rien ne presse,
Est blessant, et, comme la presse,
On voudrait préalablement
Un premier avertissement.

Certe, il serait assez commode
Qu'on adoptât cette méthode;
Mais, convenons-en entre nous,
Si notre sort n'est pas plus doux,

C'est un peu notre faute à tous ;
Car avant le déluge, en somme,
Le châtiment du premier homme
Était incontestablement
Un premier avertissement !

## L'HORREUR DE L'EAU

Air : *Ermite, bon ermite.*

Vous tous qui savez boire,
Venez sous mon drapeau.
Je suis, et m'en fais gloire,
    La bête noire
De tous les buveurs d'eau !

Cette eau que l'on admire
Comme un bienfait des dieux,
L'horreur qu'elle m'inspire
Me grandit à mes yeux.
Cette haine incarnée,
Que le temps attisa,
Date de la journée
Où l'on me baptisa.
    Vous tous, etc.

Quand ma santé s'altère,
A jeun, dès le matin,
Je m'administre un verre
D'excellent chambertin ;
Ce vin, par privilége,
M'a toujours rafraîchi
Plus que l'eau de Barége,
De Spa, Bade ou Vichy.
    Vous tous, etc.

D'où vient qu'on salarie
D'indignes citoyens,
Pour doter la patrie
De puits artésiens ?
Quand l'eau partout abonde,
Etait-il donc besoin
D'aller avec la sonde
La chercher aussi loin ?
  Vous tous, etc.

Nous avons vu naguère
Ce fléau destructeur
Transformer en rivière
Le champ du laboureur ;
Qu'enfin son règne expire,
Mon Dieu, vous m'entendez !
Je suis las de souscrire
Pour tous les inondés.
  Vous tous, etc.

Je me croirais malade,
S'il me venait le goût
D'aller voir la cascade
Du château de Saint-Cloud ;
Je donnerais Versailles,
Avec ses grandes eaux,
Pour de vieilles futailles
De beaune ou de bordeaux !
  Vous tous, etc.

Un chimiste exécrable,
Vrai suppôt de l'enfer,
Pour la rendre potable,
Veut dessaler la mer ;

Pour nous, quelle infortune,
Si, par ce plan nouveau,
Le trident de Neptune
Passait aux porteurs d'eau !
  Vous tous, etc.

La coquette a des charmes,
Mais, lente à s'embraser,
Il lui faut bien des larmes
Pour nous vendre un baiser.
Le vin, mieux que les belles,
Charme jusqu'au trépas :
Les amours ont des ailes,
Mais Bacchus n'en a pas.
  Vous tous, etc.

Je tiens une goguette
Chère à nos dieux falots ;
Cette humble maisonnette
S'ouvre au bruit des grelots ;
Je n'admets dans mon temple
Que des buveurs jurés,
Et je donne l'exemple
Même aux plus altérés !
  Vous tous, etc.

## ON NE M'OTERA PAS ÇA DE L'IDÉE

 Air : *C'est la faute de Voltaire.*

Que de gens, sans contredit,
Croyant faire des merveilles,
Iront chercher leur esprit
Au fond de quelques bouteilles !

La premiér' ne rend pas fort,
Mais on l'est bien moins encor
　Quand la s'conde est vidée :
On n' m'ôt'ra pas ça d' l'idée.

La fille du pèr' Leroux,
La jeune et sage Ernestine,
Faute d'avoir de gros sous,
Coiff'ra sainte Catherine ;
Mais qu'ell' change ses vertus
Contre une masse d'écus,
　Et sa main s'ra d'mandée :
On n' m'ôt'ra pas ça d' l'idée.

Hier, pouvant sans danger
Voir l'ours, le tigre et la hyène,
En les regardant manger
Je m' disais : Il faut, morguienne !
Qu'ils aient une faim d'enfer ;
Car la viande qu'on leur sert
　Doit être faisandée :
On n' m'ôt'ra pas ça d' l'idée.

Certain savant, que je vois,
Lorsqu'on invoquait le diable,
Me disait, toutes les fois
Qu'il faisait tourner sa table :
La voix qui m' répond, mon cher,
C'est celle de Lucifer,
　Ou celle d'Asmodée :
On n' m'ôt'ra pas ça d' l'idée.

J'ai des cors, passez-moi l' mot,
Qui m' font faire la grimace,

Quand par un temps froid ou chaud
Une averse nous menace;
Au premier élancement,
Je m' dis : Infailliblement
   Nous aurons une ondée :
On n' m'ôt'ra pas ça d' l'idée.

Tel souvent n'a pas le sou
Qui se complaît dans sa gêne;
Mais c'est là le fait d'un fou,
N'en déplaise à Diogène.
Si la fortune eût traité
Ce Grec en enfant gâté,
   J' crois qu'il l'aurait gardée :
On n' m'ôt'ra pas ça d' l'idée.

Me jugeant un bon garçon,
Hier, un' dame assez jolie
Vint d'un p'tit air sans façon
S' placer sous mon parapluie;
A son langage, je crois
Que j'avais à côté d' moi
   Une dévergondée :
On n' m'ôt'ra pas ça d' l'idée.

Vieille, Ninon de Lenclos
Etait, dit-on, une rose.
Je n' crois pas à ce propos,
Je n'y crois pas, et pour cause;
En dépit de son renom,
A quatre-vingts ans, Ninon
   Devait être ridée :
On n' m'ôt'ra pas ça d' l'idée.

Notre pays s'agrandit,
Mais j' voudrais, en homme sage,
Qu'il fût un peu plus petit
Et qu'il chantât davantage;
Mais notre gaîté s'en va,
Et j' crois qu'à nous planter là
   Elle est bien décidée :
On n' m'ôt'ra pas ça d' l'idée !

Aussi voyez ma chanson,
Déjà la pauvrette expire
Et nous donne un dernier son
Avec un dernier sourire;
A rendre l'âme aujourd'hui
C'est le scélérat d'ennui
   Qui l'aura décidée :
On n' m'ôt'ra pas ça d' l'idée.

---

## LE TRAVAIL

Air : *Ma marmotte a mal au pied.*

L'oisiveté, c'est bien constant,
  Conduit à tous les vices;
Elle nous pousse à chaque instant
  Vers d'affreux précipices;
Au plus grand de tous les fléaux
  Si l'on veut se soustraire,
Il faut se créer des travaux
  Quand on n'a rien à faire.

Les abeilles pourraient flâner
  Sans qu'on ait rien à dire ;
Elles préfèrent nous donner
  Et le miel et la cire ;
Chez l'homme et chez les animaux
  C'est un mal nécessaire,
Il faut se créer des travaux
  Quand on n'a rien à faire.

Au Carrousel, un général,
  Sans aucun bénéfice,
Aux Parisiens, tant bien que mal,
  Fait faire l'exercice.
Aux soldats comme aux généraux
  La paix étant contraire,
Il faut se créer des travaux
  Quand on n'a rien à faire.

Des gens comme on en voit beaucoup,
  Que le repos torture,
Iront se jeter tout à coup
  Sur quelque sinécure ;
Encourageons par nos bravos
  Leur conduite exemplaire ;
Il faut se créer des travaux
  Quand on n'a rien à faire.

Souvent quand le sommeil me fuit
  Et que l'ennui me gagne,
Coiffé de mon bonnet de nuit,
  Je me rends en Espagne,
Là, je me construis des châteaux,
  Seul et sans numéraire :
Il faut se créer des travaux
  Quand on n'a rien à faire.

Les ouvriers, dès leur début,
  Bien qu'ils manquent d'ouvrage,
N'en paîront pas moins leur tribut
  Aux nœuds du mariage :
A s'entourer d'enfants nouveaux
  Ils semblent se complaire ;
Ils faut se créer des travaux
  Quand on n'a rien à faire.

Cette femme on la voit toujours,
  Libre de sa journée,
L'employer à porter secours
  A quelque infortunée ;
Des pauvres enfants en lambeaux
  C'est l'ange tutélaire ;
Il faut se créer des travaux,
  Quand on n'a rien à faire.

Le peuple s'est-il attroupé
  Pour faire du tapage,
Le vitrier inoccupé
  Se donne de l'ouvrage :
Les vitres qu'il met en morceaux
  Lui vaudront un salaire;
Il faut se créer des travaux,
  Quand on n'a rien à faire.

Eût-on la gaîté d'un pinson
  Et tout l'or de la Banque,
On négligera la chanson
  Pour peu que le temps manque;
Mais moi qui suis dans les bureaux
  J'en ai fait mon affaire :
Il faut se créer des travaux,
  Quand on n'a rien à faire.

## FLEURS ET BEAUX JOURS

Air : *Aux temps heureux de la chevalerie.*

Vivre l'hiver, pour moi ce n'est pas vivre ;
Je perds la faim, la joie et la santé,
Et du régime, hélas ! que je dois suivre
Vous me voyez encor tout attristé ;
Un rhume affreux a brisé ma poitrine
Que je croyais à l'abri de tels coups ;
Pour mettre un terme au mal qui me chagrine,
Fleurs et beaux jours, quand donc reviendrez-vous ?

A tout moment la vie est compromise :
Faut-il quitter le logis ? aussitôt,
Pour opposer un rempart à la bise
Nous endossons l'informe paletot ;
Puis nous courons, sans voir la pauvre femme
Qui tend la main et supplie à genoux ;.
Le froid du corps pénètre jusqu'à l'âme !
Fleurs et beaux jours, quand donc reviendrez-vous ?

Souvent, l'été, je devance l'aurore ;
Mais les frimas me rendent moins gaillard :
Le jour paraît que je sommeille encore
Et cependant il se fait déjà tard.
Folâtrez donc à travers la prairie,
Lorsque les vents déchaînés contre vous
Font de la France une autre Sibérie !
Fleurs et beaux jours, quand donc reviendrez-vous ?

15.

Pauvres enfants, vous cessez de sourire ;
Votre visage est aussi moins vermeil ;
Contre vous tous la nature conspire
Et vous refuse un rayon de soleil ;
Pendant ces jours de deuil et de froidure,
Vous donneriez vos plus jolis joujoux
Pour un tapis de mousse et de verdure :
Fleurs et beaux jours, quand donc reviendrez-vous

Riches du jour, ainsi que l'hirondelle,
Vous émigrez quand viennent les hivers ;
Pour vous la rose est toujours fraîche et belle,
Pour vous aussi les champs sont toujours verts.
Moi, moins heureux, tous les ans, je projette
Un gai départ vers des climats plus doux ;
Mais, tous les ans, je reste et je répète :
Fleurs et beaux jours, quand donc reviendrez-vous ?

Mais terminons cette chanson maussade ;
Jamais, je crois, je ne fus moins dispos ;
Et puis, pourquoi veiller, pauvre malade,
Lorsque mon corps a besoin de repos ?
A moi duvet, couverture et flanelle !
J'entends gronder l'aquilon en courroux,
Du feu jaillit la dernière étincelle :
Fleurs et beaux jours, quand donc reviendrez-vous ?

## N'EN DÉGOUTEZ PAS LES AUTRES !

Air : *Adieu ! je vous fuis, bois charmant.*

Certains vieillards sont exigeants :
Lorsque chez eux la joie expire,
Ils voudraient que les jeunes gens
A leur tour cessassent de rire ;

L'âge a-t-il glacé notre cœur,
Passons nos jours en patenôtres ;
Faisons nos adieux au bonheur,
Mais n'en dégoûtons pas les autres !

Vous dont la plume a condamné
L'abus des faveurs qui se donnent,
N'avez-vous pas aussi glané
Dans ce champ où d'autres moissonnent ?
Si les dignités vous font peur,
Pourquoi faire les bons apôtres ?
Refusez tous la croix d'honneur,
Mais n'en dégoûtez pas les autres !

Et vous qui fuyez les amours,
Chose rare au temps où nous sommes,
Mesdames, pourquoi donc toujours
Calomnier ces pauvres hommes ?
S'ils on le tort de s'adresser
A des cœurs durs comme les vôtres,
Libre à vous de les repousser,
Mais n'en dégoûtez pas les autres !

Nous qui vivons de bons ragoûts,
Désormais, cessons de médire
Des restaurants à vingt-deux sous
Et des biftecks qu'on y fait cuire ;
Si ces viandes-là nous font mal,
De Comus fidèles apôtres,
Ne mangeons jamais de cheval,
Mais n'en dégoûtons pas les autres !

Que fais-tu près de ce ruisseau,
Le corps tout meurtri de ta chute ?
Ivrogne, ta haine pour l'eau

D'un homme n'a fait qu'une brute ;
Le cœur manque à qui t'aperçoit
Sur ce fumier où tu te vautres :
Aime le vin, ça se conçoit,
Mais n'en dégoûte pas les autres !

Il suffit de vendre à Paris
Pruneaux, cassonade et mélasse,
Pour être un objet de mépris,
Le plastron de la populace.
Mon Dieu, que nous sommes grossiers !
Si ces goûts ne sont pas les nôtres
Ne soyons jamais épiciers,
Mais n'en dégoûtons pas les autres !

Comme il faut qu'on s'amuse ici,
Et que partout la joie éclate,
Puissent les couplets que voici
Désopiler plus d'une rate !
S'ils étaient loin de mériter
Des suffrages tels que les vôtres,
Dispensez-vous de les chanter,
Mais n'en dégoûtez pas les autres !

# C'EST TROP BEAU POUR DURER LONGTEMPS

Air : *Allez-vous-en, gens de la noce.*

L'hiver, à la sombre figure,
Vient de nous quitter, Dieu merci !
Quand tout renaît dans la nature,
Tâchons donc de renaître aussi !

Les bois, les prés et le bocage
Semblent défier les autans ;
Profitons de ces doux instants,
Car ainsi qu'un ciel sans nuage,
C'est trop beau pour durer longtemps !

Hier, je rencontre Maurice
Qui me dit, littéralement :
Demain j'épouserai Clarice
Qui va m'enrichir promptement ;
L'aïeul, dont j'attends l'héritage,
Brave homme des plus impotents,
Paraît avoir au moins cent-ans,
Et quand on arrive à cet âge,
C'est trop beau pour durer longtemps !

Nos littérateurs sont fort drôles :
Dans leur feuilleton du matin
Semblent-ils pas jouer les rôles
De Vadius et Trissotin ?
Paul raconte à son ami Pierre,
Accompagnés de compliments,
Ses éloges exorbitants ;
Mais, comme on le voit dans Molière,
C'est trop beau pour durer longtemps !

Que pour nous servir une bonne
Vienne soudain se présenter,
Grâce au bourgeois qui la patronne
Nous nous pressons de l'arrêter ;
Mais loin de nous laisser séduire,
Lorsque dans les commencements
Elle fait des efforts constants,
Nous sommes les premiers à dire :
C'est trop beau pour durer longtemps !

A la Chambre, quoi qu'il arrive,
Ainsi qu'au coin d'un carrefour,
On se dispute, on s'invective,
Le tout à vingt-cinq francs par jour ;
Souvent, après un gros orage,
Nous voyons nos représentants
Cesser leurs débats irritants ;
Mais, comme dans certain ménage,
C'est trop beau pour durer longtemps !

Remarquez cette jeune fille
Aux traits si fins, si gracieux :
Le vif éclat dont elle brille
Est bien fait pour charmer les yeux ;
Ainsi qu'une fleur fraîche éclose
Qui s'épanouit au printemps,
Son règne, hélas ! n'aura qu'un temps,
Car, à l'exemple de la rose,
C'est trop beau pour durer longtemps

Vivre est une douce habitude
Que contracte le genre humain ;
Mais il voudrait la certitude
D'aller jusqu'au bout du chemin.
Survient-il une maladie,
Les docteurs les plus compétents
Nous font partir avant le temps,
Convaincus qu'ils sont que la vie
C'est trop beau pour durer longtemps !

Trouvez-vous ma chanson gentille ?
Moi, modestie à part, vraiment
A mes yeux chaque vers scintille
Ni plus ni moins qu'un diamant ;

Mais il est temps qu'elle finisse,
Car ses feux, des plus éclatants,
Eblouiraient les assistants,
Et, comme un bouquet d'artifice,
C'est trop beau pour durer longtemps

## LA FEUILLE DE PRÉSENCE

Air : *Le fleuve de la vie.*

Une mesure épouvantable
Excite aujourd'hui le courroux
D'une classe recommandable,
Digne de l'intérêt de tous ;
Tyrans, fiers de votre puissance,
Avez-vous pu, sans balancer,
Comme une foudre nous lancer
    La feuille de présence ?

Quand tout renaît dans la nature
Aux chants du rossignol joyeux,
Et qu'heureux d'un peu de verdure
Mon jeune enfant sourit aux cieux,
Quand sous la feuille qui commence
J'aimerais à l'accompagner,
Esclave, il faut aller signer
    La feuille de présence !

Pour arriver à l'heure dite,
Comme on peut se faire du mal,
C'est plus qu'un usage insolite,
C'est un assassinat moral ;

Pour diminuer l'affluence
Des employés qu'il adopta,
Le gouvernement inventa
　　La feuille de présence.

Cet usage, il faut bien le dire,
Aux bons commis seul est fatal ;
Les mauvais bravent son empire
Et ne s'en portent pas plus mal ;
J'en connais qui font mainte absence
Pour respirer un air plus pur,
Aussitôt qu'ils sont inscrits sur
　　La feuille de présence.

Aux députés on fait la guerre,
Sur eux comment ne pas tomber ?
Faute de voix, le ministère
Naguère a failli succomber ;
D'après ce système, je pense
Qu'au premier budget qui viendra,
Aux Chambres on imposera
　　La feuille de présence !

Tel ici monte au Capitole,
Ne jetant qu'un pâle reflet,
Bien qu'il doive son auréole
Au soleil brûlant de Juillet.
Pendant ces trois jours qu'il encense,
Reculant devant le danger,
On ne le vit pas émarger
　　La feuille de présence !

Contre les coups du mariage
Le célibataire abrité,
Exempt des soucis du ménage,
Aime l'air et la liberté.

Epoux, il n'a plus de vacance,
Et l'hymen, qui l'entend grogner,
Matin et soir lui fait signer
　　La feuille de présence !

Ces vers, que l'amitié me passe,
N'iront pas au sacré vallon ;
On ne peut entrer au Parnasse
Qu'avec un permis d'Apollon.
Pour vaincre son indifférence,
On a beau faire ce qu'on peut,
Chez lui, ne signe pas qui veut
　　La feuille de présence !

## ÊTES-VOUS COMME MOI ?

Air : *Vaudeville de Fanchon.*

Un heureux caractère,
C'est tout ce que sur terre
　　Dieu m'a donné,
　　Quand je suis né ;
J'ai, nouveau Démocrite,
Une gaîté de bon aloi,
　　Et je m'en félicite.
　　Êtes-vous comme moi ?

Je trouve peu de charmes
A répandre des larmes,
　　Je suis rimeur
　　De bonne humeur ;
Chanter, c'est mon système.
Que demain, hélas ! je sois roi,
　　Je chanterais quand même.
　　Êtes-vous comme moi ?

Que me fait la fortune ?
On dit qu'elle importune
 Ses favoris ;
 J'en suis surpris.
Si j'avais l'assurance
Qu'il n'en est rien, de bonne foi,
 J'aimerais l'opulence.
 Êtes-vous comme moi ?

Qu'Irma soit infidèle,
Je n'irai pas pour elle
 M'asphyxier
 Ou me noyer.
Mourir, quelle faiblesse !
En pareil cas, mieux vaut, je croi,
 Prendre une autre maîtresse.
 Êtes-vous comme moi ?

Mon jour de garde approche ;
Sergent, c'est sans reproche,
 Trop de rigueur,
 Sur mon honneur !
Pour l'ordre et la patrie
Je dois veiller de par la loi,
 Mais ça me contrarie :
 Êtes-vous comme moi ?

Sur la scène comique,
Le genre pathétique
 Plaît aujourd'hui,
 Tant mieux pour lui !
Ces pièces font merveille,
J'en conviens ; mais, plus je les voi,
 Plus j'admire Corneille ;
 Êtes-vous comme moi ?

Quand la faculté prêche
Les bienfaits de l'eau fraiche,
   Je ris toujours
   De ses discours ;
Le vin seul me fait vivre.
Aussi je bois sec; c'est pourquoi
   Quelquefois je m'enivre.
   Êtes-vous comme moi?

Je pense, en homme sage,
A me mettre en ménage ;
   Il faut enfin
   Faire une fin ;
Certaine catastrophe
Peut m'arriver, je le prévoi,
   Mais je suis philosophe.
   Êtes-vous comme moi?

Quand la mort nous appelle,
Contre cette cruelle
   Longtemps luttons
   Et combattons ;
S'il faut enfin se rendre,
Je voudrais, après mon convoi,
   Renaître de ma cendre :
   Êtes-vous comme moi?

## L'IVRESSE

AIR : *Vaudeville de Madame Scarron.*

Je m'étais fait la promesse
De prendre mon vin sans eau;

Aussi je sens que l'ivresse
Fermente dans mon cerveau,
A chanter quand je m'apprête,
J'éprouve un trouble inconnu.
   Mon Dieu, qu'un homme est bête,
   Bête, quand il a bu !

Excusez cette franchise :
Vous savez tous, comme moi,
Que l'insensé qui se grise
Est toujours de bonne foi ;
C'est en vain qu'on lui répète
Que le mensonge est reçu ;
   Mon Dieu, qu'un homme est bête,
   Bête, quand il a bu !

J'ai de l'esprit à revendre,
Et pourtant, voyez un peu,
Ce soir j'ai l'air d'un Cassandre :
Il n'en est rien, ventrebleu !
Sans ma soif, que rien n'arrête,
Piron vous était rendu ;
   Mon Dieu qu'un homme est bête,
   Bête, quand il a bu !

On dit que le vin inspire ;
Le vin, c'est un éteignoir !
Je suis payé pour le dire.
Car j'aurais vidé ce soir
Dix flacons de la comète,
Qu'on m'eût encor répondu :
   Mon Dieu, qu'un homme est bête,
   Bête, quand il a bu.

Puisque le vin m'est funeste,
Je jure ici, désormais,
De le fuir comme la peste,
Si ça m'est possible...... Mais
Ce serment que je regrette
Ne sera jamais tenu.
   Mon Dieu, qu'un homme est bête,
   Bête, quand il a bu !

L'amour m'attend chez Isaure,
J'y cours ; mais je vous préviens
Que pour le moment j'ignore
A quel sexe j'appartiens ;
J'ai beau me monter la tête,
Hélas ! c'est du temps perdu.
   Mon Dieu, qu'un homme est bête,
   Bête, quand il a bu !

L'ivresse m'attendrit l'âme,
Et c'est au point qu'aujourd'hui
Je verrais le dernier drame
De monsieur..... vous savez qui?
A chaque vers du poëte
Je me sentirais ému.
   Mon Dieu, qu'un homme est bête,
   Bête, quand il a bu !

N'allez pas, par politesse,
Applaudir ce que je dis;
C'est encourager l'ivresse,
Cela n'est pas bien ; et puis,
Vous me mettriez en tête
Que l'esprit m'est revenu.
   Mon Dieu, qu'un homme est bête,
   Bête, quand il a bu !

## UN RÊVE

Air : *de Madame Grégoire.*

Voici le bon temps!
Comme tout a changé de face!
Toujours le printemps,
Jamais d'hiver, jamais de glace;
Aux lois de son pays
Le citoyen soumis,
En Dieu mettant sa confiance,
Vit dans la paix et l'abondance;
Si je dors, hélas!
Ne me réveillez pas!

Les nouveaux écrits
Ne respirent que la morale;
Aux drames proscrits
A succédé la pastorale!
Mesdames, sans rougir,
On peut se divertir;
Au théâtre le bon goût brille,
Le père y peut mener sa fille :
Si je dors, hélas!
Ne me réveillez pas!

Un Talma second
Vient de consoler Melpomène;
Un auteur fécond
A rendu Molière à la scène;
Le mérite indigent
Ne parle plus d'argent :

Pauvre, il est fier de sa misère,
Pour sa gloire on le considère ;
Si je dors, hélas !
Ne me réveillez pas !

L'époux confiant
Dort en paix sur ses deux oreilles,
Et l'étudiant
Au travail prodigue ses veilles ;
Le juge, au tribunal,
Se montre impartial ;
Plus d'intrigue, plus de bassesse,
Partout vertu, grandeur, noblesse ;
Si je dors, hélas !
Ne me réveillez pas !

Nous ne voyons plus
Ces agiotages de Bourse,
Monstrueux abus
Où l'or se gagnait à la course,
Plus d'huissier, de protêt,
De vente au Châtelet ;
De son argent, moins économe,
Le prêteur est presque honnête homme
Si je dors, hélas !
Ne me réveillez pas !

Chez nous aujourd'hui
On se rit de la politique ;
La discorde a fui,
Plus de fâcheuse polémique ;
Le duel est banni,
Le ciel en soit béni !

Nous réservons pour la frontière
Un sang dont la France est si fière.
 Si je dors, hélas !
 Ne me réveillez pas !

 Quels bruyants transports !
De mon père j'entends la lyre,
 Ses joyeux accords
Chez nous ont ramené le rire;
 Bonheur inattendu,
 Il nous serait rendu !
Ses chants redoublent notre ivresse,
Je suis l'appui de sa veillesse;
 Si je dors, hélas !
 Ne me réveillez pas !

 Si de mon cerveau
Ces prodiges ne sont qu'un songe,
 Puisqu'il est si beau,
Doux sommeil, fais qu'il se prolonge !
 Que tes pavots puissants
 Engourdissent mes chants !
Je veux, d'illusions avide,
Être un nouvel Epiménide;
 Si je dors, hélas !
 Ne me réveillez pas !

## LE CÉLIBAT ET LE MARIAGE

Air : *Ah ! le bel oiseau, maman !*

Chantons tous à l'unisson
 Que le mariage
 Est sage

Et qu'il faut être un ourson
Pour vouloir rester garçon.

Mais en ce jour, juste ciel !
Le mari d'une humeur douce
Craint que sa lune de miel
Ne soit une lune rousse.

Mes amis, décidément
   Le mariage
     Est peu sage;
Pour vivre tranquillement,
Le célibat est charmant!

Cependant on ne peut pas
Admettre un pareil système :
Nous mettrions les papas
Dans un embarras extrême.

Chantons tous à l'unisson,
     etc., etc.

Prendre femme, n'est-ce pas
Faire preuve d'imprudence?
En se mariant, hélas !
On perd son indépendance.

Mes amis, décidément,
     etc., etc.

En formant de si doux nœuds
La crainte est une chimère;
Quand on la porte tous deux,
Que cette chaîne est légère!

Chantons tous à l'unisson,
     etc., etc.

Mais on voit des mariés
Dire sans cérémonie
Qu'ils se sont fort ennuyés
Le plus beau jour de leur vie.
Mes amis, décidément,
  etc., etc.

Mais, frappé par le malheur,
Une femme est là sans cesse
Pour partager la douleur
Et dissiper la tristesse.
Chantons tous à l'unisson,
  etc., etc.

D'un fils les embrassements
Causeront notre délire;
Mais quand il fera des dents,
Nous souffrirons le martyre.
Mes amis, décidément,
  etc., etc.

A ce fruit d'un tendre amour
Si le destin s'intéresse,
Il peut devenir un jour
L'appui de notre vieillesse.
Chantons tous à l'unisson,
  etc., etc.

Mais ce garçon qui naîtra,
N'aurait-il qu'une mansarde,
Comme son père il faudra
Qu'un jour il monte sa garde.
Mes amis, décidément,
  etc., etc.

Ce service, j'en convien,
N'est pas un métier de nègres ;
Que de gens le font très-bien,
Et qui n'en sont pas plus maigres !

Chantons tous à l'unisson,
  etc., etc.

Être papa, c'est fort doux,
Je ne vais pas à l'encontre ;
Mais cependant, entre nous,
Que de choses pour et contre !

Mes amis, décidément,
  etc., etc.

Mais le garçon restera
Comme un type d'égoïsme ;
Et puis qui le frottera,
S'il a quelque rhumatisme ?

Chantons tous à l'unisson,
  etc., etc.

Désormais, plus de brocard
Contre la foi conjugale,
Et vous, garçons, par égard
Pour les mœurs et la morale,
Répétez à l'unisson
  Que le mariage
   Est sage,
Et qu'il faut être un ourson
Pour vouloir rester garçon !

## POURQUOI?

Air : *De Mazaniello.*

A table je suis un convive
Précieux, quand vient le dessert :
Car, sans que ma soif soit très-vive,
Je bois tous les vins qu'on me sert;
Sans que ma faim soit dévorante,
Je mangerais n'importe quoi,
De même que souvent je chante
Sans savoir au juste pourquoi !

Parmi les êtres innombrables
Que Dieu fait venir ici-bas,
Il est des hommes raisonnables,
Et d'autres qui ne le sont pas !
Des gens chez lesquels tout abonde
Se plaindront du sort... quand j'en vois
Qui sont très-heureux d'être au monde
Sans savoir au juste pourquoi !

Au temps de la chevalerie,
On se rendait dans un champ clos,
Et l'on avait la barbarie
De se pourfendre à tout propos !
Dans ce siècle que l'on renomme,
On devrait s'imposer la loi
De ne jamais tuer un homme
Sans savoir au juste pourquoi !

Je deviens sombre et taciturne
Quand le suffrage universel
Veut que je dépose dans l'urne
Le nom de monsieur tel ou tel !
Dans le doute qui me ballotte,
Ma conscience est en émoi ;
De là vient que souvent je vote
Sans savoir au juste pourquoi !

Quand on a la chance commune
D'être un orateur peu goûté,
On ne doit gravir la tribune
Qu'avec un plan bien arrêté :
On s'expose à faire une école,
Alors qu'on compte trop sur soi,
Et qu'on demande la parole
Sans savoir au juste pourquoi.

Aujourd'hui que les aristarques
Renversent les gouvernements,
Et qu'ils procurent aux monarques
Des jours dépourvus d'agréments,
Il est de bon goût qu'on renonce
A ces mots : Heureux comme un roi !
Que sans aucun doute on prononce
Sans savoir au juste pourquoi.

J'entends dire que nos finances
Sont en assez mauvais état,
Et que de justes défiances
Ont amené ce résultat ;
La cause de cette panique
Pourrait provenir, je le croi,
De ce qu'on est en République
Sans savoir au juste pourquoi !

A leurs penchants avec ivresse
Donnant tous deux un libre cours,
Démocrite riait sans cesse,
Héraclite pleurait toujours !
Ces Grecs, sans en vouloir médire,
Avaient un grand tort, suivant moi :
C'était de pleurer et de rire
Sans savoir au juste pourquoi !

L'existence étant un mystère
Qui date déjà de fort loin,
Nous arrivons sur cette terre
Sans en éprouver le besoin.
Puis de la Parque expéditive
Il faut un jour subir la loi,
Et l'on s'en va comme on arrive,
Sans savoir au juste pourquoi !

## LA FAMILLE

Air : *Mon père était pot.*

Du sujet que je vais traiter
  Nul de vous ne s'étonne ;
On ne peut pas toujours fêter
  Les belles et la tonne.
    De joyeux couplets
      Plus ou moins complets
Quand mon recueil fourmille,
    Je crois, mes amis,
      Qu'il m'est bien permis
De chanter la famille !

Plaignons le pauvre Robinson
　Dans son île sauvage,
Errant seul ainsi qu'un ourson
　Tout le long du rivage.
　　L'aimable caquet
　　De son perroquet
　Charmait peu sa bastille ;
　　Vendredi parut :
　　C'est alors qu'il crut
Se trouver en famille !


Quand l'aquilon vient à gronder
　Par un soir de décembre,
On aime à se barricader
　Dans sa robe de chambre ;
　　On fait la leçon
　　Au petit garçon,
　Près du feu qui pétille :
　　Par un temps pluvieux
　　Où serait-on mieux
Qu'au sein de sa famille ?


Lorsque les lilas sont fleuris,
　On voit chaque dimanche
Les jeunes filles, à Paris,
　Mettre leur robe blanche ;
　　On voit les marchands
　　Arpenter les champs
　Dès que le jour pointille,
　　Et d'un vin nouveau
　　Arroser le veau
Qu'ils mangent en famille.

Bien qu'à cet usage toujours
    On se montre docile,
Le mariage de nos jours
    N'est pas chose facile :
        Quand papa, maman
        Vous trouvent charmant,
    Il faut plaire à la fille ;
        Il faut plaire encor,
        D'un commun accord,
    A toute la famille.


A propos de botte, autrefois,
    On se faisait la guerre ;
Mais ces procédés peu courtois
    Ne conviennent plus guere :
        Pour un mot amer
        Faut-il à la mer
    Lancer une flotille ?
        C'est peu gracieux,
        Il vaut beaucoup mieux
    S'arranger en famille.


Avec les siens a-t-on dîné,
    Liberté tout entière ;
Chacun prend, quand c'est terminé,
    La tâche journalière ;
        L'un lit un roman
        L'autre prudemment
    Sur sa chaise roupille ;
        Après le repas,
        Que ne fait-on pas,
    Quand on est en famille ?

Français, au lieu de gaspiller
 Les jours que Dieu nous donne,
Tâchons de nous ravitailler.
 Le temps marche et moissonne.
  Signons tous la paix !
  Entre nous jamais
  De cris, ni de bisbille ;
  Réunissons-nous
  Et ne formons tous
Qu'une même famille !

Avant de prendre ici congé
 De vous et de ma lyre,
Je vous serais très-obligé
 De vouloir bien me dire,
  Si, comme hameçon,
  A cette chanson,
  Œuvre de pacotille,
  Je dois mettre ou non
  Avec mon prénom
 Le nom de ma famille.

## IL FAUDRA QU'ÇA VIENNE

*Vaudeville de Fanchon.*

Lorsque, dans mon délire,
Je n' trouve rien à dire,
 J' prends un flacon
 D' beaune ou d' mâcon ;
Grâce à cet Hippocrène,
Me dis-je, aussitôt que j'en boi,
 Il faudra bien qu' ça vienne,
 Ou qu' ça dise pourquoi !

Pour peu qu' ma faim sommeille,
Jamais je n' la réveille
　　En lui jetant
　　Un excitant.
Qu'un dîner me convienne,
Au premier plat que j'aperçoi,
　Il faudra bien qu' ça vienne
　Ou qu' ça dise pourquoi !

On veut qu' l'État s' décide
A vivre sans subside :
　　C'est mon avis,
　　Et si l' pays,
Sans éprouver de gêne
Peut s' passer d'impôt ou d'octroi,
　Il faudra bien qu' ça vienne
　Ou qu' ça dise pourquoi !

Un congrès qui se pique
D'être très-pacifique
　　N' veut plus d' soldats,
　　Ni de combats ;
Qu'alors on nous ramène
A l'âge d'or, et je le croi,
　Il faudra bien qu' ça vienne
　Ou qu' ça dise pourquoi !

Pour avoir ce bien-être
Qu'on ose vous promettre,
　　Pas d' paresseux
　　Et d' partageux !
Donnez-vous de la peine
Et travaillez dur, après quoi
　Il faudra bien qu' ça vienne,
　Ou qu' ça dise pourquoi !

La compagne de Pierre,
Au moment d'être mère,
Ne j'tait qu'un cri,
Quand son mari
Lui dit : Bonne Julienne,
Que diable, tranquillise-toi !
Il faudra bien qu' ça vienne,
Ou qu' ça dise pourquoi !

Tous les maux qu'on redoute
Jusqu'ici, sur ma route,
Ne m'ont jamais
Attaqué, mais
Bien qu' ma santé s' maintienne
Avec le temps, je le prévoi.
Il faudra bien qu' ça vienne,
Ou qu' ça dise pourquoi !

Comme il faut qu' tout finisse,
Tombe et s'anéantisse,
Le monde un jour
Aura son tour :
Qu'la chose ou non convienne,
Si c'est écrit là-haut, ma foi,
Il faudra bien qu' ça vienne
Ou qu' ça dise pourquoi !

Mais jusque-là, qu'on chante,
Et qu' mil huit cent cinquante
Nous fasse à tous
Un sort plus doux ;
Qu' la gaîté nous soutienne,
Et, Dieu nous aidant, croyez-moi,
Il faudra bien qu' ça vienne,
Ou qu' ça dise pourquoi !

Pour cette œuvre mesquine
J' n'entends pas qu'on m' taquine ;
L'usage ici
Veut, Dieu merci !
Que d' critique on s'abstienne....
Quant aux bravos de bon aloi,
Il faudra bien qu' ça vienne
Ou qu' ça dise pourquoi !

## LE JOUR DE L'AN

Air : *Mes d'moiselles, voulez-vous danser ?*

Vive, vive le jour de l'an !
Quelle ivresse
Enchanteresse !
Quel malheur que ce jour charmant
N'arrive qu'une fois l'an !

Aux visiteurs de toute sorte
A peine a-t-on ouvert sa porte,
Qu'on voit arriver le portier
Et les balayeurs du quartier.

Vive, vive le jour de l'an !...

Tel individu s'égosille
A crier : A bas la famille !
Qui ce jour-là s'estime heureux
D'avoir un oncle généreux.

Vive, vive le jour de l'an !...

Les enfants, frais comme une rose,
Certains d'obtenir quelque chose,
Disent aux mamans, aux papas,
Des fables qu'ils ne savent pas !

Vive, vive le jour de l'an !...

Chaque marchand, coûte que coûte,
Pour la jeune pratique ajoute
A son baiser sentimental
Une orange de Portugal.

Vive, vive le jour de l'an !...

Tel individu qui rançonne
Ne donnera rien à personne,
Tel autre donnera beaucoup
Qui ne recevra rien du tout.

Vive, vive le jour de l'an !...

Foulant aux pieds toute étiquette,
Pourvu qu'ils aient une épaulette,
Les épiciers auront l'honneur
D'être admis près de l'empereur.

Vive, vive le jour de l'an !...

Tous les cochers nous font la mine;
Mais, à défaut de citadine,
De milords, de cabriolets,
Les omnibus sont tous complets.

Vive, vive le jour de l'an !...

On rencontre dans chaque rue,
Où la foule en masse se rue,

Force pierrots, force arlequins,
Et surtout beaucoup de pantins !

Vive, vive le jour de l'an !...

L'Angleterre qui s'humanise
Avec l'Europe fraternise ;
Bref, oubliant tous leurs débats,
Les chiens embrasseraient les chats.

Vive, vive le jour de l'an !...

Après mainte et mainte visite,
Nous regagnons tous notre gîte
Sans un écu dans nos goussets,
Et crottés comme des barbets.

Vive, vive le jour de l'an !
  Quelle ivresse
   Enchanteresse !
Quel malheur que ce jour charmant
 N'arrive qu'une fois l'an !

## J'SUIS SUR DE MON AFFAIRE

Air : *Ah ! qu'il est doux de vendanger !*

Chez ce monsieur collet monté
 L'esprit le mieux goûté
N'obtient qu'un succès contesté ;
 Ici, c'est tout l' contraire :
  Avec un peu d' gaîté,
 J'suis sûr de mon affaire !

Le bordeaux sortant du caveau
  Me glace le cerveau ;
Le bourgogne, vieux ou nouveau,
  M'est bien plus salutaire ;
  Mais si je l' bois sans eau,
  J' suis sûr de mon affaire.

Pour tous mes rhumes, j'en convien,
  Je n'éprouve aucun bien
Des préceptes de Gallien
  Et de l'apothicaire ;
  Aussi quand je n' fais rien,
  J' suis sûr de mon affaire !

D'un rifflard, quand le temps est bas,
  Je m' donne l'embarras :
Rien, tant que je l'ai sous mon bras,
  Ne trouble l'atmosphère ;
  Mais si je ne l'ai pas,
  J' suis sûr de mon affaire !

Un' planète nous échappa,
  Le Verrier la chercha ;
Puis un beau jour il s'écria,
  Les deux yeux sur la sphère :
  Elle doit être là !
  J' suis sûr de mon affaire ! »

Mon logement n'a pas été
  Jusqu'alors augmenté,
Je le dois à l'humanité
  De mon propriétaire ;
  Mais à la fin d' l'été,
  J' suis sûr de mon affaire

Avec vos os pris au hasard,
   Et pesant plus d'un quart,
Mon pot-au-feu, monsieur Bonnard,
   Semblait un ossuaire ;
   Maintenant, mon gaillard,
   J' suis sûr de mon affaire !

Qu'un bel emploi vaque ici-bas !
   Je m' dis, en pareil cas :
Si j'en veux, le ministre, hélas !
   Ne pourra m' satisfaire ;
   Au lieu qu' si j' n'en veux pas,
   J' suis sûr de mon affaire !

Une heure avant le branle-bas,
   Pélissier s' dit tout bas :
Sébastopol, tu tomberas,
   Quoi que tu puisses faire ;
   Avec de tels soldats,
   J' suis sûr de mon affaire !

J' voudrais au Temps dire : Halte-là !
   Mais il me répondra
Qu'il vole et toujours volera ;
   Partant, la chose est claire,
   Avec cet oiseau-là
   J' suis sûr de mon affaire !

# ÇA N' M' OCCUPE GUÈRE

Air : *Adieu, je vous fuis, bois charmant.*

Quoi ! diront des gens sérieux,
A table vous chantez encore ?

Oui, répondrai-je à ces fâcheux,
Oui, messieurs, et je m'en honore,
Ce que je crois bien je le fais,
Telle fut toujours ma manière;
Qu'on le trouve bon ou mauvais,
J' vous réponds qu' ça n' m'occupe guère!

A l'âge heureux de dix-huit ans,
Joyeux, je dévorais l'espace,
Et dans la prairie, au printemps,
Je cueillais des bluets en masse :
J'en faisais de jolis bouquets
Que je portais à ma bergère;
Aujourd'hui bergère et bluets,
J' vous réponds qu' ça n' m'occupe guère !

Sans avoir jamais mérité
Une mesure aussi brutale,
Naguère on m'a mis de côté
Dans la garde nationale!
Ce procédé fort étonnant
Autrefois m'eût mis en colère;
J'ai bien changé, car maintenant
J' vous réponds qu' ça n' m'occupe guère!

Lorsque l'embonpoint m'est venu,
Pour contrarier la nature,
J'avais l'abdomen contenu
Dans les lacets d'une ceinture;
Il n'en prit pas moins son essor,
Et, comme ma santé prospère,
Il peut bien s'arrondir encore,
J' vous réponds qu' ça n' m'occupe guère !

17.

Je sens mon cœur faire tic tac
Quand j'apprends que pour notre armée
Linge, cigares et cognac
Sont expédiés en Crimée ;
Quant aux Russes, ont-ils là-bas
Du vin, du rac ou de la bière ?
Fument-ils, ne fument-ils pas ?
J' vous réponds qu' ça n' m'occupe guère !

Dans ses fougueux emportements,
Le Temps, vieillard des plus moroses,
M'enlève tous mes agréments
Ainsi qu'il effeuille les roses ;
Je ne verrais pas sans courroux
Qu'à moi seul il fît cette guerre ;
Mais comme nous vieillissons tous,
J' vous réponds qu' ça n' m'occupe guère !

Arrivés au terme fatal,
Bien des gens trouveront commode,
Qu'une fois trépassés, Gannal
A sa façon les accommode ;
Que l'essentiel soit sauvé,
Et puis que mon corps, mis en terre,
Soit plus ou moins bien conservé,
J' vous réponds qu' ça n' m'occupe guère !

Comme un très-grand événement,
Ce matin un journal publie
Que trois fauteuils en ce moment
Sont vacants à l'Académie :
A qui les donner ? C'est, je croi,
Sur ce point que l'on délibère ;
Mais aucun d'eux n'étant pour moi,
J' vous réponds qu' ça n' m'occupe guère !

## LES ENFANTS ME FONT PEUR.

Air : *Et pourtant, papa,* etc.

Je suis sous l'empire
D'un affreux cauch'mar ;
J' tremble et je soupire
Quand j' vois un moutard:
Loin d'être un César,
Je n' crains pas de l' dire,
Ma parol' d'honneur,
Les enfants m' font peur ! (*ter.*)

J' donn'rais bien des sommes
Pour que, franchement,
Le siècle où nous sommes
Marchât autrement ;
Car, en ce moment,
Autant que les hommes,
Ma parol' d'honneur,
Les enfants m' font peur ! (*ter.*)

Lorsque la licence
Brav' l'autorité,
On nous dit qu'en France
On est encroûté ;
Si d' la liberté
Ce n'est que l'enfance,
Ma parol' d'honneur,
Les enfants m' font peur ! (*ter.*)

Maint'nant que l' négoce
Seul fait des richards,
L' talent l' plus précoce
Court bien des hasards ;
Aussi des beaux-arts
Quand ils ont la bosse,
Ma parol' d'honneur,
Les enfants m' font peur! (*ter.*)

L' moutard qui commence,
Sans être un benêt,
N'a pas besoin, j' pense,
D' viser à l'effet ;
Et quand on en fait
Des puits de science,
Ma parol' d'honneur,
Les enfants m' font peur! (*ter.*)

D' nos p'tits Robespierres
Pour notre pays
Je crains les colères
Et les coups hardis.
Quand je réfléchis
A c' qu'ont fait leurs pères,
Ma parol' d'honneur,
Les enfants m' font peur! (*ter.*)

A chercher à plaire
Loin de s'appliquer,
Quand devant leur père
J' les vois se masquer,
Quand j' les vois manquer
D' respect à leur mère,
Ma parol' d'honneur,
Les enfants m' font peur! (*ter.*)

Tels sont par leur maître
Traités de bambins,
Qui d'main s'ront peut-être
App'lés aux scrutins ;
Quand j'vois dans leurs mains
Ce nouveau salpêtre,
Ma parol' d'honneur,
Les enfants m' font peur ! (ter.)

J'aime de l'enfance
Entendre la voix ;
J'aim' son innocence
Et son p'tit minois.
Mais quand je les vois
L' jour de leur naissance,
Ma parol' d'honneur,
Les enfants m' font peur ! (ter.)

Les jours de tempête,
Quand de polissons
Un' bande se jette
Dans les factions,
Et qu' l'air des lampions
Leur pass' par la tête,
Ma parol' d'honneur,
Les enfants m' font peur ! (ter.)

Aussi, bien qu' vivace,
J' n'en eus qu' trois exprès :
Quand on n'a qu' sa place,
N' faut pas s' mettre en frais.
Quand j' pens' que j' pourrais
En avoir un' masse,
Ma parol' d'honneur,
Les enfants m' font peur ! (ter.)

## TABLE DES MATIÈRES.

|  | Pages. | Nos de la clef du caveau. |
|---|---|---|
| Abondance................................. | 62 | 792 |
| A mon ami Eugène Desaugiers......... | 7 | » |
| A mon fils Émile......................... | 97 | 1844 |
| Asticot (l'), mot donné................. | 218 | 1113 |
| Bêtes (les)................................. | 55 | » |
| Bons moyens (les)....................... | 169 | 633 |
| Bon vieux temps (le).................... | 221 | 38 |
| Bonheur à bon marché (le)............ | 243 | 249 |
| Caleçon (le).............................. | 172 | » |
| Ça m'est bien égal...................... | 79 | 249 |
| Ça ne blesse personne................. | 69 | » |
| Ça ne m'occupe guère.................. | 292 | 8 |
| Caractères (les).......................... | 90 | 18 |
| Célibat et le mariage (le).............. | 276 | 13 |
| C'est à peu près la même chose........ | 182 | 1844 |
| C'est trop beau pour durer longtemps... | 264 | 30 |
| C'est un' bêtise qui n'a pas d' nom.... | 72 | 733 |
| C'est comm' si vous n'en aviez pas..... | 189 | » |
| Ce qui m'est toujours agréable......... | 205 | 1622 |
| Ce qu'on ne trouve pas................. | 192 | 249 |
| Chacun sa manière...................... | 38 | 18 |
| Chaise percée (la), pot pourri.......... | 46 | » |
| Charité..................................... | 77 | 303 |
| Choses impossibles (les)................ | 23 | 30 |
| Comme ça file........................... | 185 | 576 |
| Commencement et fin.................. | 138 | » |
| Comme si ça ne coûtait rien........... | 197 | 792 |

|  | Pages. | Nos de la Clef du caveau. |
|---|---|---|
| Compensations (les) | 20 | 792 |
| Couleurs (les) | 157 | » |
| Couplets chantés chez Toirac | 214 | 192 |
| Couplets pour ma fête | 102 | 294 |
| Dernière extrémité (la) | 52 | 30 |
| Encore une étoile qui file | 237 | 733 |
| Encore un enfant qui m'arrive | 15 | 1844 |
| Enfants me font peur (les) | 295 | 1548 |
| Epaves (les) | 11 | 105 |
| Êtes-vous comme moi? | 269 | 792 |
| Extrait d'une lettre | 9 | » |
| Famille (la) | 282 | 633 |
| Feuille de présence (la) | 267 | 342 |
| Fleurs et beaux jours | 261 | 1931 |
| Fort | 117 | » |
| Frapper fort, mais frapper juste | 180 | 313 |
| Garde national (le) | 143 | 68 |
| Homéopathie (de l') | 130 | 711 |
| Homme sensible (l') | 136 | 1844 |
| Horreur de l'eau (l') | 253 | 205 |
| Il faudra que ça vienne | 285 | 792 |
| Ignorance (l') | 13 | » |
| Immuable (l') | 123 | 1118 |
| Imperfections (les) | 194 | 30 |
| Innocents (les) | 44 | 105 |
| Ivresse (l') | 271 | 806 |
| J'aime mieux en rester là | 241 | 733 |
| J'ai perdu la raison | 128 | 1273 |
| Je n' peux pas mettre la main d'ssus | 166 | 30 |
| Je n' voudrais pas être à sa place | 67 | 1622 |
| J' suis sûr de mon affaire | 290 | 18 |

|  | Pages. | Nos de la Clef du caveau. |
|---|---|---|
| Jeune vieillard (le) | 132 | 1870 |
| Je voudrais bien m'en aller | 187 | 113 |
| Jour de l'an (le) | 288 | » |
| Largesses | 211 | 8 |
| Liberté (la) | 141 | 105 |
| Manière de s'en servir (la) | 147 | » |
| Marchons toujours | 228 | » |
| Mari d'une muse (le) | 134 | 1622 |
| Mes antipathies | 230 | 1622 |
| Mil huit cent cinquante-six (1856) | 85 | 1273 |
| Moisson (la) | 36 | 792 |
| Monsieur sans gêne | 151 | 199 |
| Mystères | 115 | » |
| N'allez pas là | 33 | 30 |
| Nec plus ultra (le) | 164 | 213 |
| N'en dégoûtez pas les autres | 262 | 8 |
| Ne vois-tu rien venir | 87 | 806 |
| Obligeance | 110 | » |
| Omelette (l') | 100 | 249 |
| On demande un remplaçant | 82 | 606 |
| On n'a jamais pu le savoir | 28 | 280 |
| On n'a qu'à s' baisser pour en prendre | 239 | 8 |
| On ne sait jamais où l'on va | 74 | 30 |
| On ne m'ôtera pas ça de l'idée | 255 | 1844 |
| On trouve toujours son maître | 177 | » |
| Orage (l') | 126 | 18 |
| Persévérance | 174 | » |
| Plaisir seul est une vérité (le) | 233 | 1932 |
| Plus heureux qu'un roi | 161 | 185 |
| Pourquoi? | 280 | » |

|   | Pages. | N°s de la Clef du caveau. |
|---|---|---|
| Préface... | 1 | » |
| Premier avertissement (le)... | 250 | 230 |
| Première montre (la)... | 25 | » |
| Public n'entre pas ici (le)... | 18 | 280 |
| Puissance de l'homme (la)... | 120 | 8³ |
| Quand ça s'en va... | 59 | 154⁸ |
| Quand on n' peut pas faire autrement... | 95 | 30 |
| Regardez, mais n'y touchez pas... | 248 | 199 |
| Reliquats (les)... | 203 | 8 |
| Sans garantie du gouvernement... | 154 | 246 |
| Si c'était à refaire... | 108 | » |
| Si j'étais le gouvernement... | 145 | 280 |
| Si vous croyez que ça m'amuse... | 150 | 1622 |
| Temps d'arrêt (le)... | 31 | » |
| Toujours... | 57 | 1744 |
| Travail (le)... | 258 | 313 |
| Trouveriez-vous ça drôle... | 246 | 18 |
| Un croyant... | 223 | 606 |
| Une bête de chanson... | 200 | 806 |
| Une chanson terre à terre... | 208 | » |
| Un excellent Français... | 112 | 242 |
| Une vocation... | 40 | » |
| Un rêve... | 274 | 83 |
| Un sujet évangélique... | 226 | 113 |
| Un véritable ami... | 235 | 774 |
| Un vieux refrain... | 159 | 119 |
| Voilà trop longtemps que ça dure... | 65 | 18 |
| Vrai courage (le)... | 92 | 792 |
| Y a quelqu' chose là-d'ssous... | 105 | » |

Clichy. — Imp. Paul Dupont et Cⁱᵉ, rue du Bac-d'Asnières, 12

www.ingramcontent.com/pod-product-compliance
Lightning Source LLC
Chambersburg PA
CBHW071509160426
43196CB00010B/1466